东方
文化符号

御窑金砖

赵江华　孟琳　著

江苏凤凰美术出版社

图书在版编目（CIP）数据

御窑金砖 / 赵江华, 孟琳著. -- 南京：江苏凤凰
美术出版社, 2025.2. --（东方文化符号）. -- ISBN
978-7-5741-1668-9

Ⅰ. K876.34

中国国家版本馆CIP数据核字第2024W5F079号

责任编辑	唐　凡
设计指导	曲闵民
责任校对	孙剑博
责任监印	张宇华
责任设计编辑	赵　秘

丛 书 名	东方文化符号
书　　名	御窑金砖
著　　者	赵江华　孟　琳
出版发行	江苏凤凰美术出版社（南京市湖南路1号　邮编：210009）
制　　版	南京新华丰制版有限公司
印　　刷	盐城志坤印刷有限公司
开　　本	889 mm×1194 mm　1/32
印　　张	4.875
版　　次	2025年2月第1版
印　　次	2025年2月第1次印刷
标准书号	ISBN 978-7-5741-1668-9
定　　价	88.00元

营销部电话　025-68155675　营销部地址　南京市湖南路1号
江苏凤凰美术出版社图书凡印装错误可向承印厂调换

目录

前　言 ··· 1

第一章　《天工开物》和《造砖图说》砖比较 ············ 5
　第一节　什么是"金砖" ·· 5
　第二节　典籍中的砖艺 ··· 13

第二章　名冠天下的陆墓御窑金砖 ······················ 26
　第一节　取土于陆墓 ·· 28
　第二节　陆墓窑炉 ·· 32
　第三节　精雅的金砖 ·· 42

第三章　御窑金砖相关规制 ······························· 51
　第一节　金砖的尺寸与铭文 ····································· 56
　第二节　金砖的挑选与副砖制度 ······························ 64
　第三节　金砖的起解与储存 ····································· 70

第四章　御窑金砖的用途 ·································· 82
　第一节　宫苑殿宇 ·· 85

第二节　陵寝坛庙……………………………… 89
　　第三节　铸币托模与桌砖……………………… 94

第五章　御窑金砖的制作工艺……………………… 98
　　第一节　金砖的制作…………………………… 103
　　　　一、七转得土……………………………… 104
　　　　二、六转成泥……………………………… 107
　　　　三、八个月成坯…………………………… 110
　　　　四、五个月焙烧…………………………… 114
　　　　五、窨水…………………………………… 117
　　　　六、出窑和筛选…………………………… 119
　　第二节　金砖的铺墁…………………………… 121
　　　　一、现场砍磨……………………………… 123
　　　　二、铺墁技艺……………………………… 127

第六章　御窑金砖的当代传承……………………… 135

前　言

　　御窑金砖是苏州市优秀的民间工艺品代表之一，明清以来受到了帝王家的器重，成为皇家御用的贡品，也是当今社会修缮宫殿皇陵等古建筑物以及建造仿古建筑不可缺少的物品。它货真价实、闻名遐迩，以其深厚的历史文化内涵和特有的工艺，被视为值得珍视的国家重点非物质文化遗产。

　　作为在窑火中诞生的一朵"天工开物"的奇葩——砖，是一种广泛使用的建筑材料，是积淀着人类建材文化、建筑文化和工艺文化的"化石"。人们常常用"秦砖汉瓦"来泛指中华传统文化风格的古建筑，一方面说明砖在秦朝时期就已经被普遍使用了，另一方面说明砖在中华大地上具备难以估量的附加值，它不仅仅是物质意义上的生产资料，更是民族精神的艺术载体。

　　苏州自古就是砖瓦之乡，我国第一个古砖瓦博物馆就设置在昆山锦溪。里面有一件藏品：昆山赵陵山良渚文化

图1 中华第一砖"红烧土块"

图2 铭文为"元康九年(299)七月一日造作工怀弘"的西晋纪年砖

遗址出土的、素有中华第一砖之称的"红烧土块"(图1),可以说是"砖"的雏形。锦溪古称为陈墓,西晋时期就已经有为宫廷烧制砖块的记录了(图2),到了明代陈墓窑业更是有"三十六座桥,七十二只窑"之说。当时的祝家甸"男子作佣工,半籍窑业以糊口"(清代乾隆《陈墓镇志》),一度也是皇家御用金砖的窑厂所在。本书《御窑金砖》所指为陆墓(今陆慕)地区,明正德宰相王鏊在《姑苏志》"窑作"中说:"出齐门陆墓(土质)坚细异他处,工部兴作多于此烧造。"虽然我们不知道陆墓地区最早烧制砖的确切时间,但是据光绪二年(1876)吴县横山出土的实物资料来看,梁大同元年(535)陆墓地区就有砖窑存在了,当时有人烧制出"仿铜雀瓦"五万片。2022年陆墓元和塘古窑遗址发掘取得了重要进展,通过探沟发掘的陶灯等残次品就是南宋的文物,说明了宋代陆墓地区窑业的兴盛。明代,陆墓砖窑被皇家定制,于是就有了"始造砖于苏州，责其役于长洲（相城区旧称）窑户六十三家……其土必取城东北陆墓所产"（张问之《造砖图说》）。

陆墓御窑金砖作为砖家族中的一员，做到了以"金"为名，表如镜面砥石，色如黛玉乌金，声如铜钟石磬，因此受到了帝王、名宦、文人雅士乃至普通居民农户的青睐，被称为"天下第一砖"。作为吴文化的代表性资源之一，御窑金砖工艺独特，制作考究，工艺繁复，花时长久，不仅有着极为重要的实用价值和艺术价值，而且有着极为珍贵的科学价值和文化价值，具有重大的历史意义和深远的社会影响，是值得我们后人原汁原味保护与大力传承弘扬的。

有人说苏州城是古运河与江南最美的邂逅，有着上千年历史的京杭大运河宛如巨人偾张的血脉，将苏州这片丰饶土地上所产的粮食、丝绸、茶叶、工艺品等源源不断输送到了京城。鼎盛于明清时期的御窑金砖经过精心的挑选、运河风光起解来到了紫禁城，与帝王气场完美地融合在了一起。每一块御窑金砖上面曾经都刻有名字，背后有哪些故事、几百年来使用金砖之人又经历了哪些生离死别、悲欢离合，让人不禁遐想联翩……

御窑金砖作为中华文明中的璀璨金石，书写的不仅仅是"忆"与"艺"，本书还关注它与博大精深的中华文化、独具特质的苏州城市文化精神传承发展之间的渊源。中华文明初始，华夏重大建筑因袭原始社会"茅茨土阶"（茅草的篷，堆土成阶）的构筑方式，成为与古埃及、西亚、印度、爱琴海和美洲并列的世界古老建筑六大组成之一。中华农耕文化对于家族兴旺发达的重视，讲究的是文化生态的代代更新、生生不息，而不是宗教意义上的永恒。诚如明代造园家计成在《园冶》中所说："固作千年事，宁知百岁人，足矣乐闲，悠然护宅。"因此，我们的宅园建筑采用充满生机的土木结构，而不用阴冷的石头，强调为人居服务，这在世界上是独树一帜的。御窑金砖作为最高级的铺地，本质上仍属"土"，王土居中，墁地紫禁城的大殿之中，体现的是专属于中华民族的传统文化。大道至简，那一块块朴拙的、来自江南水乡的金砖，同时也是苏州精雅文化最好的注解……

本书在普及御窑金砖相关知识的同时，深深为御窑金砖独特的文化内涵而感动、自豪，希望也能给现代的建材业、手工业发展带来一些有益的思考。

第一章 《天工开物》和《造砖图说》砖比较

明清时期,由于紫禁城等皇家宫苑大量营建,砖这一建筑材料长时间内保持了旺盛的需求。那个时候,除了苏州,还有山东的临清、湖南的华容等地,都是重要的皇砖产地。与临清贡砖、华容皇砖不同,苏州成砖号称"金砖"。金砖与其他砖的差异在哪里呢?明代的两部著作——《天工开物》和《造砖图说》给出了答案。

第一节 什么是"金砖"

《天工开物》作者宋应星(1587—1666?),于崇祯九年(1636)在任江西省分宜县教谕(教官)时写成此书,后幸得老友涂绍煃(1582?—1645)出资,于次年(1637)将书刊刻于南昌府。全书分上、中、下三卷,共18章,插图123幅。中卷《陶埏》部分就是介绍砖、瓦及白瓷的烧制技术的,其中"砖"部分配有泥造砖坯(图1-1)、砖瓦浇水转釉(图1-2)、煤炭烧砖(图1-3)图片。结

图 1-1　泥造砖坯　　图 1 2　砖瓦浇水转釉　　图 1-3　煤炭烧砖

尾部分云："若皇家居所用砖,其大者厂在临清,工部分司主之。初名色有副砖、券砖、平身砖、望板砖、斧刃砖、方砖之类,后革去半。运至京师,每漕舫搭四十块,民舟半之。又细料方砖以墁正殿者,则由苏州造解。"显然,在这段之前,《天工开物》所述主要是砖的普通做法,金砖即文中所述"细料方砖以墁正殿者"。再看临清贡砖和苏州金砖,在明代虽同是为京城进贡,但是在使用场合、运输方式等方面是有差异的。苏州金砖是用来铺正殿的细料方砖,我们今天在故宫各大殿地面看到的都是苏州金砖;而临清主要生产小砖瓦,多是用到了城墙、陵寝砖墙等处。在运输方式上,临清是由运送粮食的船经过此地时携带规定数量的贡砖至京;苏州是由专门的官船打着"苏州府"

的灯笼,扯着皇家龙旗,沿大运河北上,沿途州、县的地方官吏见到都要隆重迎送,派人护卫,直至京畿(详见本书第三章第三节"金砖的起解与储存")。从这个阵仗上来说,苏州金砖无比珍贵。

说到《造砖图说》,这是一部记录金砖工艺的专门著作,由明代嘉靖年间的工部郎中张问之创作。遗憾的是,书没能流传下来。清代永瑢、纪昀主编的《四库全书总目》"卷八十四史部四十"载:"《造砖图说》一卷,浙江巡抚采进本。明张问之撰。问之,庆云人。嘉靖癸未(1523)进士,官至工部郎中。自明永乐中,始造砖于苏州,责其役于长洲窑户六十三家……嘉靖中营建宫殿,问之往督其役,凡需砖五万,而造至三年有余乃成。窑户有不胜其累而自杀者。乃以采炼烧造之艰,每事绘图贴说,进之于朝,冀以感悟,亦郑侠绘流民意也。其书成于嘉靖甲午(1534)。"由此可知,《造砖图说》也是一本图文并茂的文献。众所周知,明代的户籍管理是不同的差役有不同的户籍,"籍不准乱,役皆永充"。张问之奉皇帝旨意来苏州督造金砖,一住就是三年,他深知金砖工艺的苛刻和窑民看不到希望的疾苦,也曾经见到过窑工因不堪忍受痛苦而自焚,于是他效仿起画《流民图》、写奏疏的北宋人郑侠,为民请命,便有了《请增烧造工价疏》(收录在《咸丰庆云县志》卷三"艺文志"部分)及《造砖图说》。在这篇《疏》末尾,他大声疾呼:"故臣不揣愚昧,将一应烧造事宜，逐一画图贴说，总叙于后，具本进呈，奉渎睿览。伏望皇上特敕该部从长计处，具拟上请，定为钦价，使永为遵守，官民两便，缓急可凭，国家幸甚，生民幸甚。臣不胜恐惧，属望之至。"嘉靖皇帝读后深受触动，于是同意提高窑工们的待遇，"增定砖价"，苏州金砖烧造得以很快恢复并走向了历史巅峰。张问之也因为有功很快升任了四川按察司副使（《咸丰庆云县志》卷二"人物"）。张问之为后世很多地方官吏做出了榜样，如清代江苏巡抚许容（？—1750）、张渠（1686—1740）等都曾经奏议朝廷为窑民请加金砖价。他的《请增烧造工价疏》及《造砖图说》，为450多年后也就是20世纪80年代御窑金砖的恢复烧制提供了翔实依据。2020年，御窑金砖传承人金瑾等将通过历史解读、践实、行验后的《四库全书造砖图说提要》及《张问之请增烧造工价疏》，与委托专人创作的《金砖造作天道人事图》《金砖造作天道人事图释文》《金砖造作天道人事图引文》等汇编一处，配上《金砖造作工序廿九图》，加上之前请辛亥道人作的《甲午重刊造砖图说叙》，辑成《新镌造砖图说》（图1-4）。该书对于复原、改进古代金砖烧造工艺，保留非遗文化，具有一定的参考价值。

无论宋应星的《天工开物》，还是张问之的《造砖图说》，都是以"细料方砖"称苏州金砖的，"方砖"前面多出"细料"二字，足以说明苏州金砖的制作十分精细

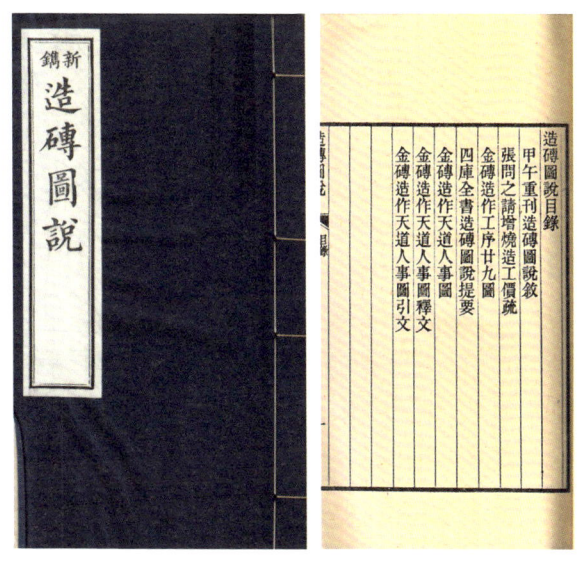

图 1-4 《新镌造砖图说》

考究。值得注意的是：在《咸丰庆云县志》卷二"人物"篇中介绍张问之"宦绩"时，说的是"奉命督造苏州府花砖工料"。"花砖"是苏州金砖的另一个别名，"花"有种类繁复之意，类似于"花名册"的说法，"花砖"也足以说明苏州金砖工序繁复。那么，历史上"金砖"的提法又是从什么时候开始的呢？在明万历晚期专门记述工部管理内廷营建、督责匠役、帑费、物料等的二部著作中，都有提到"金砖"。工科给事中何士晋的《工部厂库须知》十二卷，于万历四十三年（1615）刊行，是一部官修政书。其中卷之三《营缮司》"条议"部分写道："金砖派烧于苏、松七府,花石采办于徐州等处,以供殿门之用,即一砖一石所费不赀。彼时当事者过为早计,兼提数太浮,其失已不可追及。至砖石到京,只凭解官投文本部而收贮之,权听诸内监,故径运至鼓楼下之备用……今查大通桥原系贮砖之所,仍以金砖另堆在内,花石改收近厂。不惟管理便,取用近,即脚价亦省,而内监于何恣其需索也!惩前饬后,可复以未来工程擅自提派,而已到美材,坐视消耗耶?"

贺仲轼的《两宫鼎建记》是一部感怀际遇不公的著作,于万历四十四年(1616)成书,其中卷末附录了他父亲贺盛瑞(工部营缮司郎中,曾主持过乾清宫、坤宁宫等重大皇家工程)的《辨京察疏》云:"自万历二十四年(1596)七月初十日开工起,至二十六年(1598)七月十五日,两宫盖瓦通完,金砖颜料买办就绪止,职经手发过银两……"这本书的卷上部分有"钦差郎中吴道直、李方至苏州烧金砖……以银二万两发苏州而金砖至"之语。卷中又云:"议苏州砖。查得苏州方砖,在厂见贮者,一万余个,似不敷用……务要坚莹透熟、广狭中度……如解到方砖,间有色红泥粗,不中旧式,该管理以侵渔重究"。由此可见,"金砖"的形容早在万历年间就已经出现了,只是并未达成统一共识,而苏州砖、苏州方砖是不足以形容稀罕的、考究的、精美的砖材的。之后的《天工开物》也还是以"细料方砖"称,直到清代顺治以后,"金砖"的称呼就比较通用了。根据现有的实物,我们发现从清代康熙朝开始,金砖的边款上面就正式出现铭文"金砖"二字了。

蒋博光先生在《"金砖"墁地》一文中曾经这样说道："为什么又有'金砖'之称呢？这是因为这种砖是专为皇帝烧制的细料方砖，颗粒细腻、质地密实，敲起来有金石之声，所以叫'金砖'。也有一种说法是：这种砖只能运到北京的'京仓'，供皇宫专用，所以叫'京砖'，而逐步演化为'金砖'的。"原来，"金砖"不是"熔铸而成的黄金块"（图1-5），它只是苏州产的、铺于皇家重要位置的、大型细料方砖。作为皇家御用之物，那么金砖的价格到底几何？前文说到嘉靖皇帝"增定砖价"，难道"金砖"的官方定价十分低？事实上并非如此。《张问之请增烧造工价疏》中说："每块赔钱止于七钱，则每家分外已赔钱二百十两有余矣……"《钦定大清会典事例》（嘉庆朝）卷六百七十一中说：乾隆三年（1738）规定，烧造二尺二寸金砖，正砖每块销银九钱一分，副砖销六钱三分七厘，二尺正砖每块银四钱九分四厘八毫，副砖三钱三分三厘八毫八丝，一尺七寸正砖每块银四钱八厘三毫，副砖二钱七分七厘。《钦定工程则例三种》中的《钦定工部续增则例》卷七中说：苏省造办见方二尺二寸金砖，正砖每块核准砖价银九钱一分，厂具稻草蒲包草索银九分六厘，副砖每块核准砖价银六钱三分七厘，厂具稻草蒲包草索银八分四厘。见方二尺金砖，正砖每块核准砖价银四钱九分四厘八毫，厂具稻草蒲包草索银八分六厘，副砖每块核准

图 1-5　金砖

砖价银三钱三分三厘八毫八丝,厂具稻草蒲包草索银七分四厘,见方一尺七寸金砖,正砖每块核准砖价银四钱八厘七毫,厂具稻草蒲包草索银七分四厘,副砖每块核准砖价银二钱七分七厘,厂具稻草蒲包草索银六分二厘。赵广超先生曾经在《紫禁城100》卷六就"几块砖头"事宜这样说道:"临清砖,相较于金砖,价格要实惠得多,每块二尺二的金砖(九钱一分),工价是最优质的临清砖(二分七厘)的33.7倍。临清砖虽较之金砖实惠,生产流程仍然繁复……"《江苏巡抚张渠奏折烧造金砖维艰请开销副砖价值》中说金砖成造艰难,"往往十不得二,并有全窑无一块可用者"。由此可见,如果将金砖烧造成本摊开,

流传于民间的"一两黄金一块砖"的说法也并非虚妄,有人也把这作为"金砖"命名的原因之一。2012年,在中国首届明清御窑金砖拍卖会上,89块明清金砖拍出了950万元的高价,算下来这些金砖的价格真的是堪比黄金了。

第二节　典籍中的砖艺

苏州"金砖"点土成金,究其根本原因,在于其工序精细复杂,耗费了大量的时间、人力、物料等成本,且成品率较低。

《天工开物》比《造砖图说》要晚上100多年,前文说到,它所述主要是普通砖,制作工艺流程包含了取土、沥浆、制坯、烧窑、浇水转釉、出窑等。第一步取土,"凡埏泥造砖,亦掘地验辨土色,或蓝或白,或红或黄,(闽产多红泥,蓝者名'善泥',江浙居多)皆以黏而不散,粉而不沙者为上",可见制砖的土质是需要有黏性的。第二步是沥浆,需"汲水滋土,人逐数牛错趾,踏成稠泥",可见人牵牛反复踩踏成为浓稠的泥浆是传统生产工艺中重要的一环。第三步是制坯,"填满木框之中,铁线弓戛平其面,而成坯形"。造方墁砖时,"泥入方框中,平板盖面,两人足立其上,研转而坚固之",这其实是金砖的制作工艺。第四步是烧窑,将砖坯装入窑中,三千斤要烧上一天一夜,六千斤则必须用两倍的时间才够,使用的基本燃烧物有木柴、煤炭、芦苇等。煤炭窑正常比柴薪窑要高上二倍，其上部的圆拱是逐渐缩小的，并不封顶，窑内放置直径一尺五寸的煤饼，每放一层煤，就放一层砖，下面垫上芦苇或柴草等以便燃烧。用柴薪烧出的砖呈青、黑色，而用煤烧出的砖则是白色。烧窑十分辛苦，全靠人力将砖坯堆叠而上，烧制时窑内最高温度会达到1000摄氏度左右。而控制窑火则是一门相当讲究的技术活，全靠经验丰富的"陶长"根据火焰和砖的颜色来辨别调整。"凡火候少一两，则釉色不光。少三两则名嫩火砖，本色杂现，他日经霜冒雪则立成解散，仍还土质。火候多一两则砖面有裂纹。多三两则砖形缩小坼裂，屈曲不伸，击之如碎铁然，不适于用""凡观火候，从窑门透视内壁，土受火精，形神摇荡，若金银熔化之极然"。由于柴薪窑在顶上偏侧的位置凿了三个孔用来出烟，到烧好停止加柴时，还得用"泥固塞其孔"，封闭的目的是不让热气跑出来。第五步是浇水转釉，方法是在窑顶打开一个平面，四边稍微高出一点，在上面浇水。砖三千斤用水四十石，在土窑之内，水蒸气和火气相互作用。"水火既济，其质千秋矣"，坚固耐用的砖就成了。如果没有浇水转釉，砖烧好熄火后靠空气流动降温后直接出窑，就会得到红砖。近代以后，尤其是中华人民共和国成立后，为了节约成本改善民生，大量使用红砖，这种砖因少了工序，性能上要比青灰色砖逊色很多。最后一步出窑，依然需要人工搬运，非常辛苦。砖使用时，方墁砖"石工磨斫四沿，然后斒地"，刀砖"削狭一偏面，相靠挤紧,上砌成圆",等等。

张问之遗留下来的《请增烧造工价疏》及《造砖图说》部分记述的虽不是金砖制作工艺的全部(详见本书第五章"御窑金砖的制作工艺"),但其繁复程度令人瞠目结舌,主要包含了取土、澄浆练泥、制坯阴干、装窑、烧窑、窨水、出窑等步骤。第一步取土,"必取城东北陆墓所产干黄作金银色者,掘而运,运而晒,晒而椎,椎而舂,舂而磨,磨而筛"。《请增烧造工价疏》记载为"其土也,必取而运,晒而槌,舂以碓,研以磨,筛以箩"。经过掘(取)、运、晒、椎(槌)、舂、磨、筛七道工序,原土就变成了优质的原料。第二步澄浆练泥,《四库全书造砖图说提要》记为:"复澄以三级之池,滤以三重之罗,筑地以晾之,布瓦以晞之,勒以铁弦,踏以人足,凡六转而后成泥。"《请增烧造工价疏》则云:"必池以滤之,由三级之筒过三级之箩,且池以晾之,瓦以晞之,弓以勒之,脚以踏之,手以揉之,凡六转而后就。"笔者以为手揉工序放在练泥步骤里似乎更为妥帖一些,而《四库全书造砖图说提要》相关叙述"揉以手"放到了制坯部分。"澄",指的是在专设的水池里多次过滤除去杂质(图1-6)后,晾去水分、干燥,成为一种极其细腻的泥,包含了"滤、晾、晞"三道工序。然后通过包含"勒、踏、揉"三道工序的练泥,合适的制砖原材料就有了。接下来制坯阴干,"承以托板,研以石轮,椎以木掌,避风避日,置之阴室,而日日轻筑

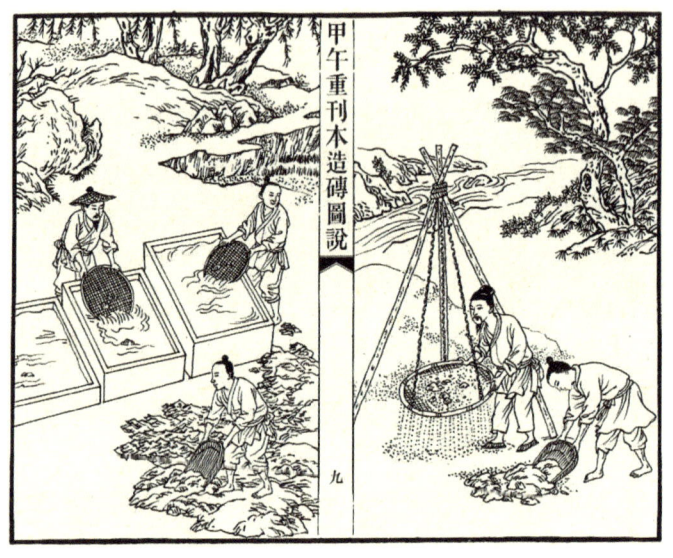

图1-6 筛土后"滤"

之,阅八月而后成坯"。《请增烧造工价疏》云:"以至坯之做也,托之以板,装之以范,以两人共擦之,以石轴碾之,以槌平之端正。日日翻转之,面面棒打之,遮护之,开晾之,凡八个月始干。"经过8个月的"托、装、擦、碾、槌、翻、筑(竖起来即'筑',图1-7)、遮、晾",终于成坯。紧接着就是装窑、烧窑、窨水、出窑。"其入窑也,防骤火激烈,先以糠草熏一月,乃以片柴烧一月,又以棵柴烧一月,又以松枝柴烧四十日,凡百三十日而后窨水出窑"。《请增烧造工价疏》中说:"其入窑也,修窑有费,垫坯有废。发火也,一月而糠草,二月而片柴,

图 1-7 "筑"工序

三月而棵柴，又四月十日而枝柴，凡五个月而砖始出。"值得注意的是：此"糠"不能简单理解为家畜吃的饲料，而是特指砻糠（图 1-8），即稻谷经过砻磨脱下的壳。显然，金砖烧窑过程中对火候要求比普通砖更高，先用砻糠、片柴、稻草各烧一月，然后用松枝烧 40 天。130 天焙烧过后，窑会被密封起来，然后从窑顶注水降温，这就是金砖十分讲究的窨水工序。经过"装窑、糠草熏、片柴烧、棵柴烧、松枝柴烧、窨水、出窑"七道工序后，烧制金砖的过程才算完成。张问之的"疏"和现存《造砖图说》部分并未详解窨水、出窑，但是对于金砖成品的检验他有过这样的描

图1-8　砻糠

述："或三五而选一，或数十而选一，必面背四旁，色尽纯白，无燥纹，无坠角，叩之声震而清者，乃为入格。其费不赀。"一块"砖长二尺二寸，径一尺七寸"的金砖，总计要经过29道工序、历经一年工期方能出窑，工艺之复杂，能耗之高，成品率又是如此之低，当然成本也是相当高了。国家级非物质文化遗产传承人金梅泉先生（金瑾的父亲）曾经回忆道："御窑金砖因为生产工艺复杂，成本很高，晚清时一块金砖的造价是九钱六分白银，相当于一石米钱。起初，官府付给窑户的酬金较高，一签契约就可拿到六至七成定金。后来，官府层层盘剥，到窑工手里的钱就只能糊口了。"

金瑾等编的《新镌造砖图说》，不但补充了《金砖造作工序廿九图》，又增加了《金砖造作天道人事图》（图1-9），并配以释文和引文。释文曰："造砖刚柔相推，水火相济，变土为金。金砖造作，工序数十，历时一载，泥土历练之返复，做坯阴晾之繁久，火候温烈之拿捏，窨水速率之把控，皆应四时气候，而动依事理物律而行，是谓顺天道、尽人事，方土窑而出金砖。"在《金砖造作天道人事图》中，包含29道工序的"七转得土，六转成泥，五月晾坯，四月焙烧"和中国的二十四节气、《易》卦圆图进行了对应，围绕的核心是中国的阴阳五行思想，所谓"动依事理物律而行""顺天道、尽人事"，这就是天人合一的美好境界。中国自古以农业立国，观象授时，令阴阳、五行（金、木、水、火、土）、六十四卦得位与季节、气候调和，这是成功的必要条件。明清两个王朝，一个出身草莽，一个来自塞外，作为王者，他们都很看重皇权天授，所以紫禁城的太和殿最初命名为"奉天殿"，唯奉天者才能"承运"笔直的空间——紫禁城中轴线（子午线）。太和殿广场北面的台基则构筑成天下最大的"土"字，按照五行秩序，王土居中，可以镇压往复所有……周震麟先生认为"紫禁城等皇家宫殿建筑的设计和建造主要依据的就是阴阳五行学说"，诚然。

《金砖造作天道人事图引文》中说："明宋长庚应星《天工开物》曰：'水神透入土膜之下，与火意相感而成。

图1-9 金砖造作天道人事图

水火既济，其质千秋矣。'周易第六十三卦既济曰：'亨，小利贞。初吉，终乱。'象曰：'在火之上，既济。君子以思患而豫防之。'"金砖在水火既济后，便有了千年的永恒和坚固。紫禁城内的金砖历经了600年风雨流传到现在仍然完好无损，就是最好的证明。编定于西周初年的《周易》，将八卦两两堆砌，由于上下两卦发生变化、互动、交易，产生了六十四种不同的人事变化。"既济"为《周易》第六十三卦，卦象为坎上离下，坎为水，离为火，所以是水火既济，两者相感以成功，以此形容金砖再合适不过。可以说，既济之象是阴阳互动转换之象，金砖作为"二气交感"化生的"万物"之一，生动地体现了古人对于阴阳对立统一的认知。

中华先民又将"万物"取象比类为金、木、水、火、土，借着阴阳演变来说明世界万物之间的运动形式和转化关系，形成了一个系统的认识论。五行相生相克：金生水、水生木、木生火、火生土、土生金；金克木、木克土、土克水、水克火、火克金。"生"就是顺势而为，吉，"克"就是反其道而行之，凶。五行可以和方位结合，配上颜色：东木、色青，西金、色白，南火、色红，北水、色黑，中土、色黄。五行可以和脏腑结合，对应五味：肝属木、酸味入，脾属土、甜味入，心属火、苦味入，肺属金、辣味入，肾属水、咸味入……阴阳五行的观念蕴藏着万事万物多样性的统一，是中华先人对宇宙探索和技术追求的知识基础。金砖，原属"土"，在经过砻糠、片柴、稻草、松枝等"木"属之物生起的"火"的焙烧后，遇到了"水"，转化为金刚不坏之身的砖。命名为"金"砖，这就是"阳变阴合，而生水火木金土，五气顺布，四时行焉"。然而，金砖本质仍属"土"，五行土居中，与皇帝的黄龙袍一样，成了皇家专属用品，寓意稳定吉祥、江山永固。

图1-10 张问之《造砖图说》砖雕

当然,《造砖图说》寥寥数语,是远远不能道尽金砖制作工艺的。比如,金砖由于运往的是北方的皇家,因此有一道重要的工序叫作"泼墨钻生",通过反复多次上桐油,让砖面乌黑发亮,这些都是南方的苏州园林室内方砖所不具备的工序。所以"金砖"只能是皇家专用,苏州园林室内方砖不是"金砖"(图1-10)。明代的孙宜是湖南华容人,他对华容皇砖曾经吟叹道:"黄湖山前余古窑,开山设廨临江皋。千夫抟埴众牛踏,泊官点阅闲吏劳。连云烟火望不息,弃地瓦砾增时高。圬人窑徒告如数,沽酒虔牲谢神护。材成赤土齐方平,光发青铜尽完固。"(《皇砖叹》)在黄湖山脚、靠近江边的地方,众牛踩踏和着细腻黏黑的泥土,千夫做砖烧砖,一眼看过去是不息的烟火连云,即使烧砖前用好酒和牲口虔诚地向神灵祈佑,也不能就得到色如青铜的皇砖,废弃的碎砖还是在不断地擦高。华容皇砖尚且如此,要求比之还要高的苏州金砖的境况可想而知。也难怪张问之说："臣受命以来，夙夜警惕，惟恐事不称职，有负圣谕，于今三年余矣。所幸两次工程俱悉完备，筮在六月四日发舟解运，复命待罪有日。而一切烧造事宜，积弊相承，良法尽废。"亲自督造是如此尽心，五万块砖也要耗时三年多，苏州金砖之金贵，名副其实。

值得注意的是，近来学者注意到收藏于美国西雅图亚洲艺术博物馆内的《制砖图》册里一共有10幅制砖的画面（图1–11）。据苏州大学艺术学院张朋川教授研究，《制砖图》是明代的绘画，通过文本和图本的比较研究，确认《制砖图》册是明代张问之《造砖图说》的图本，描绘了制造御窑金砖各道工序的宏大场面。又通过进一步考证，认为绘《制砖图》的画家是嘉靖年间苏州地区著名人物画家周臣（1460—1535）。《制砖图》表现劳苦民众人物，场面宏大又有细节刻画，既有生活活动又有生活气息，张朋川先生认为当称之最早描绘工人劳作群体的具有经典意义的画作，这在绘画史上可称为里程碑式的作品（具体见《御窑金砖是怎样炼成的——明代〈制砖图〉册和作者考》一义）。除了劳作之艰辛外，明人的《制砖图》全面揭示了烧造御窑金砖的精益求精的工艺要求，让我们了解到明代官造的诸多真实细节，这一发现意义重大。

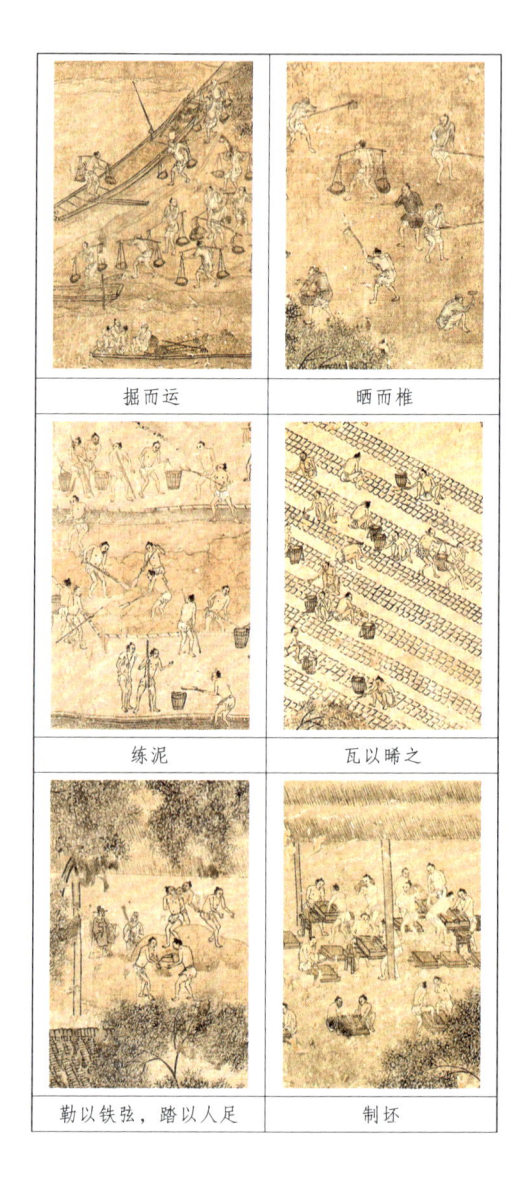

掘而运	晒而椎
练泥	瓦以晞之
勒以铁弦，踏以人足	制坯

| 修坯 | 窨水 |
| 出窑 | 审验选砖 |

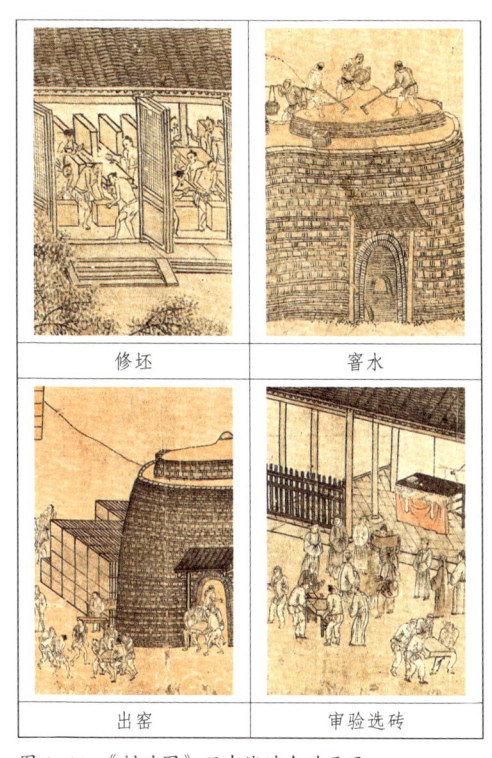

图 1-11 《制砖图》册中烧造金砖画面

第二章　名冠天下的陆墓御窑金砖

明建文四年（1402），燕王朱棣（明成祖）以"靖难"破京城（南京）夺取了侄儿的皇位，为了迁都北京，他征召全国各地有名气的匠人进京为其建造皇宫。在南京就跟父亲蒯福一起建造过明都城的吴县香山匠人蒯祥（1399—1481），因为技艺高超应召入京，于永乐四年（1406）开始建造紫禁城，建城所用的小砖瓦就取自山东临清窑，而墁地的大金砖则取自陆墓砖窑。一说明成祖的重要谋士姚广孝（1335—1418，缁衣宰相，苏州人）把陆墓窑产的金砖力荐成了紫禁城铺地的专用砖。民间也有传说无锡某地曾经为了和陆墓竞争皇差，烧制了轻巧音清的砖。相比之下，陆墓窑所产的金砖质坚音沉，于是陆墓窑的师傅就乔装打扮到了无锡，发现无锡人在制坯的时候将四角做了小孔、中间设一大孔，以稻草塞其中，烧窑时稻草成了灰，里面也就空了。这种砖虽轻巧音清，却不实用，经北京皇宫负责检验的官员鉴定后，还是选择了用陆墓窑的金砖。

不管怎样，陆墓砖窑自明永乐始就成功被工部定制了，被皇帝敕令永为朝廷督造。《大明会典》中说："永乐以后各处窑座。临清窑烧造城砖、副砖、券砖、斧刃砖、线砖、平身砖、望板砖、方砖二尺、尺七、尺五、尺二四样，凡八号。近年止派造黑白城砖、斧刃砖。苏州窑烧造二尺、尺七细料方砖，凡遇营建宫殿，内官监开数，工部题行应天、苏松抚按官均派，应天、池、太、苏、松、常、镇各委佐贰官于苏州府地方立窑募夫，选拔长洲县谙练匠作，团造完日，即委管造官解部。"是时，陆墓烧制金砖规模逐渐扩大，原名余窑的村落也不知何时起就是"御窑村"了。"御窑"则成了传说中永乐皇帝对陆墓窑的称赞和赐名。《明史·食货志·烧造》云："（嘉靖）十六年（1537），新作七陵祭器。三十七年（1558）遣官之江西，造内殿、醮坛瓷器三万……是时营建最繁，近京及苏州皆有砖厂。"陆墓御窑为明朝历代皇帝烧制了大量优质的金砖，嘉靖时"营建最繁"，于是陆墓御窑金砖在嘉靖万历年间迎来了高峰。《四库全书总目》在《造砖图说》下的述评"而明之弊政已至于此，盖其法度陵夷，民生涂炭，不待至万历之末矣"，从侧面也说明了这一点。清代的钱思元在《吴门补乘》一书中曾经这样形容："陆墓窑户如鳞，凿土烧砖，终岁不绝。"陆墓御窑金砖，从明永乐年间一直烧制到了清宣统三年（1911）才告停，之后这门技艺就散存在陆墓民间。可以说，陆墓御窑金砖传递的不仅是江南水乡的灵感和精工细作，更是一部明清王朝的兴亡史。作为皇家烧制金砖的唯一指定地，勤劳和智慧的陆墓窑户利用得天独厚的地理环境和独特的人文环境练就了"天下第一砖"——陆墓御窑金砖，名冠天下！

第一节　取土于陆墓

俗话说得好："一方水土养活一方人。"烧制金砖，需要好的泥土材料，泥土虽相同，土质却可能不一样，是不是优质的土质关系到能否烧制出合格的金砖。陆墓地区地处苏州古城东北、阳澄湖西岸（图2-1），具有得天独厚的土地资源，土质坚细，杂质少，吸水性强，黏性也就

图2-1　陆墓区位

好，且色泽"干黄作金银色"，这就是"黏而不散，粉而不沙"，是烧制金砖的上乘土质。清代的俞樾（1821—1907）有一首《京砖歌》收在《春在堂诗编》中，云："窑户家家有祖传，未议造砖先取土。取土务于陆墓旁，余虽有土非为良。万夫畚挶运而至，其色灿烂如金黄……"陆墓于1993年改称陆慕，虽然苏州地区其他乡镇也有窑烧制砖瓦的历史，如太平地区的青砖青瓦、2010年石湖地区发现的古窑"馒头窑"等。但是金砖这般"钦工物料"却多产自陆墓御窑，诚如明代正德宰相王鏊在《姑苏志》"窑作"中说："出齐门陆墓（土质）坚细异他处，工部兴作多于此烧造。"取土范围大致东始阳澄湖西岸，西至广济北路，南至相城区润园路，北至中环北线。

水土资源与环境科学领域的专家近年来对苏州地区和陆墓的水土进行了分析。苏州东临上海，南连浙江，西抱太湖，北枕长江，京杭大运河贯穿南北，区域内的地形以平原为主。明弘治《吴江志》载："吴地平夷，尽为田，略无旷土。然濒江傍湖，最为低洼。"苏州土壤大多来自河流的冲击和湖沼的沉积，在人力耕作熟化之后便形成了肥沃的水稻土。这种土长期淹水处于缺氧状态，土壤中的氧化铁被还原成易溶于水的氧化亚铁，并随水在土壤中移动，当土壤排水后或受稻根的影响（水稻有通气组织为根部提供氧气），氧化亚铁又被氧化成氧化铁沉淀，形成了独有的锈斑、锈线，本地人俗称为"铁屑黄泥"。由于土壤下层较为黏重，容易胶结，烧结后质地又坚实，所以适合用来制作砖坯。陆墓地区（图2-2）塘湖星罗，这里的土壤属湖泊沉积土，在长期种植水稻、灌溉条件良好的条件下，土壤的还原淋溶和氧化淀积作用明显，土壤层分异明，又称潴育性水稻土，土质以黄泥土为主，布满铁锰锈斑，结构为砂粒和黏土的混合物，颗粒含量多且细，杂质又少，不存在石灰反应，胶质又多，渗水性能好，在金砖烧制的过程中，黏土能够达到应有的粒度，继而具备较好的可塑性和结合性。这种土质实在不可多得，与区域内的气候、水文也不无关系。陆墓处于亚热带向暖温带过渡地区，具有典型的海洋性季风气候特征，全年雨量充沛，四季分明，呈现出典型的江南水乡风貌。境内河塘同阳澄湖水位相通，又通过元和塘（今称市河）连接上了京杭大运河，是苏州颇为壮观的水肺和交通走廊所在。而适宜的水量又是粉质黏土体现可塑性的必要条件。需要注意的是：在江河湖泊边还有一种常见的淤泥质土，为一种天然含水率大于液限、天然孔隙比在1.0~1.5之间的黏性土，由于压缩性较高、强度低，往往造成地基不均匀沉降，和粉质黏土完全不同。总之，烧造金砖的"极品黏土"是多方面因素造就的，这更加说明了陆墓地理环境的得天独厚，是天要赏饭给陆墓窑户吃。窑户们在与天地日月、气候节律的对话交流之中练就了一门绝艺。

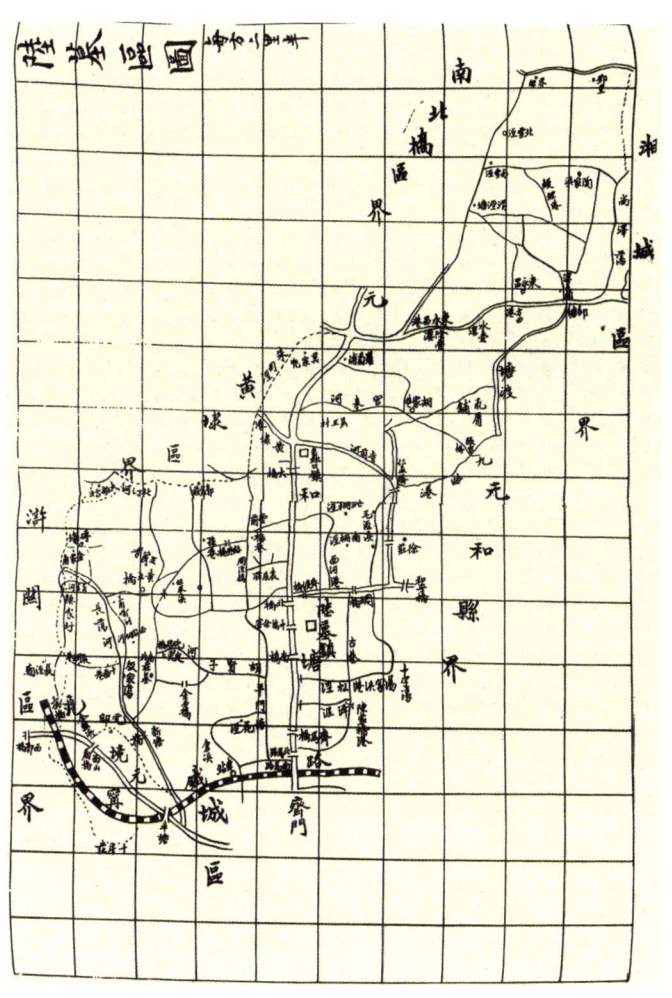

图 2-2　古陆墓区位图

第二节 陆墓窑炉

2021年4月至10月,苏州市考古研究所联合南京大学组织考古勘探队伍,对相城区元和街道元和塘两侧陆墓老街商住项目地块进行考古调查、勘探,勘探面积100672平方米,该处的遗址被命名为"苏州陆墓老街遗址"(又称"元和塘古窑遗址")。《陆墓镇志》"南窑村"条云:"东南同古巷村以元和塘分水而邻,南为苏州市郊,西傍花南和御窑村,北接韩村……小河泾浜横贯东西,将村域分为南、北两部分,其北下塘称陆墓街,又名金窑街,以烧制金砖和石灰为主。其南为南窑街,以烧砖瓦为主,也以烧制蟋蟀盆而闻名。"由此可知,本地块隶属于曾经的"南窑村",西侧即为御窑村。此次考古分四个区域进行,均采用探方发掘法进行发掘,共发现了遗迹48个,其中窑址12座、灰坑12个、墙址9个、井7个、路7条、沟1个,以及明清金砖等文物约50余件。通过二区局部地层堆积分析(图2-3),让我们知道陆墓地区在汉、六朝、唐、宋时代都有烧造的历史。尤其在二区发现的窑址(图2-4),结构较为复杂,保存比较完整,窑床直径为4.8米,窑床后侧有6个扇形烟道,内含大量黑色灰烬,专家认为是烧造金砖的窑。

那么问题来了,烧造金砖的窑是如何进行建窑选址的呢?其选址还真是十分讲究。首先,窑址要相对远离村落,这样可以防止烧窑产生的灰尘对居民生活产生不好的

图 2-3　"苏州陆墓老街遗址"二区局部地层堆积分析

图 2-4　"苏州陆墓老街遗址"二区窑址

影响。其次，必须靠近取黏土丰富的区域和水源地，一方面可以保证随时随地能有丰富的优质原材料，另一方面便于烧砖取水和船运金砖。明清时期陆墓镇烧窑的地域主要分布在御窑村、南窑村、徐庄村、漾泾村、吕池村和井亭村一带。再看"苏州陆墓老街遗址"，似乎都印证了上面的答案（图2-5、2-6）。

2022年，苏州市考古研究所对遗址的第二区进行了进一步的发掘和研究，认为这座适宜烧造金砖的窑是一座罕见的明代砖窑，窑炉内设有两种窑床，发掘项目领队刘芳芳称它为"独具江南特色的'陆墓窑炉'"。她说："在此之前，我们见过的砖窑大多只有两个或三个烟道，这座砖窑比普通的砖窑都大，是比较罕见的。它的窑体结构，许多外地的专家也从没见过。这也从侧面印证了它是咱们陆墓地区所特有的、反映江南独特风貌的考古遗存。"这座窑除了一般砖窑都具备的火塘及甬道、中心窑床和烟囱底部结构外，它的中心窑床和窑膛内壁之间还环绕着一种别出心裁的架空结构。刘芳芳大胆猜想："以前考古发现的窑床有冷底窑和热底窑之分，'陆墓窑炉'也许是冷底窑与热底窑的某种完美结合。靠窑壁的一圈为热底窑床，其架空结构有利于热流循环，靠窑膛口的冷底窑床有规律地码放着小砖，通常中心部位的窑温要高于外围——这种特殊的结构可以使窑温整体均匀，使整窑颗粒细腻、质地密实的金砖受热一致。"这种猜想如果是真的话，这种砖

图 2-5 陆墓镇窑址图

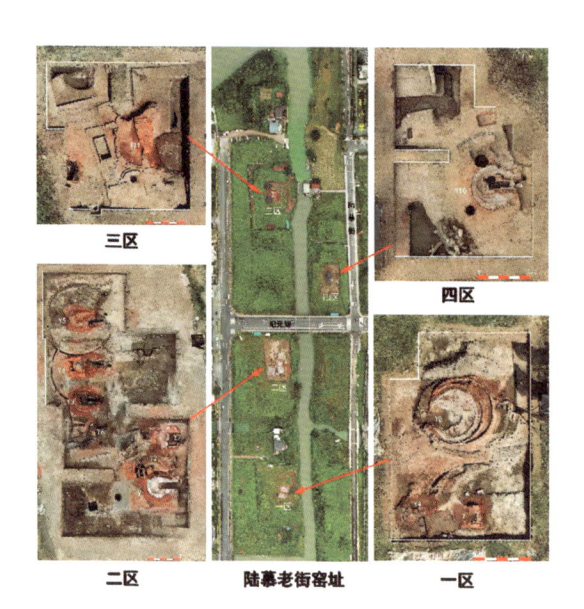

图 2-6 陆墓老街窑址发掘位置

窑结构或许就是当时的首创，是陆墓窑民勤劳和智慧的结晶。此外，考古还发现了晾坯区和一条运送金砖等产品的沿河小径，当时的窑工或许就是通过这条路将金砖成品运送至"金砖码头"，再由水路送往京城的。

随着考古勘探的介入，未来或许还会有更多窑址被发现。2016年的时候，金梅泉先生曾经这样说过："根据历史资料记载和勘探，御窑村一带最鼎盛时有窑78座，因为历史变迁等种种原因，如今古窑仅剩下2座，俗称姐妹古窑。"如今这两座姐妹古窑依然巍然挺立，近年来其所在地被新建的御窑金砖博物馆所圈划，成了被参观的"御窑遗址园"。陆墓一带旧时有"北窑"之称，其产品区别于嘉兴一带生产的"南窑货"。如今为了摆脱长期以来缺少优质原材料的困境，更好地保护陆墓御窑的原始风貌，陆墓御窑金砖厂在相城北桥灵峰村另外择址，和"御窑遗址园"形成了一南一北之势，被人们亲切地称为"一窑两区"：灵峰新窑为"北窑区"，从事金砖的生产烧制；两古窑所在为"南窑区"，负责展示和研发。本章节重点关注的是南窑区，尤其是区域内两座古窑（图2-7、2-8）。

两座古窑从外部看像是连为一体，内部窑膛和烟囱却都是各自独立的，因此也被叫作"姐妹窑"。古窑南北走向，平面呈椭圆形，东西35米，南北33米，占地1155平方米。砖窑只有不断使用才能保持最好的状态，为了活态保护古窑，里面的窑火并未断绝，七八米高的两个烟囱会时

图 2-7　陆墓御窑址

图 2-8　姐妹古窑

不时冒起白烟,但是烧制过程中,我们是无法进入参观的。因此,博物馆特意在御窑遗址旁边1∶1复制了一孔单窑。走进窑的内部,发现使用的仍是传统工艺,即内壁用砖块砌筑,并留好烟道以连接顶部烟囱,砌筑的时候逐层向中心挑出,从而形成"馒头形"(图2-9)。在窑的外侧,会有盘旋而上的砖砌台阶(图2-10),以便于古时候窑工挑水至渗水池"窨水"。

说到"窨水",就必须先了解一下窑顶渗水池(又称"积池""窨水田""糊塘"等)的结构(图2-11)。一般在窑顶中心会留有一个大小不等的洞口(图2-12),在环绕洞口的四周填以粗石子或者碎砖块,再在上面覆盖上一层厚厚的砻糠灰,铺完之后,就在上面糊泥浆(图2-13)。

图2-9 窑炉内部

图 2-10　复制窑外侧

人们经常能在窑顶见到一口缸（图 2-14），里面就是用来盛放泥浆的，将渗水池称之为"糊塘"再形象不过了。渗水池里面的成分除了有加固窑体、为窑内保温的作用外，还具备一定的过滤性。刚开始烧窑的时候，往往会在洞口搭建一个棚子（图 2-15），防止下雨的时候有雨水进入窑内。在金砖烧制过程中，随着砖里面的水分慢慢被烘干，洞口也会慢慢收起来，收一点，窑内的温度就会上升一些，一般会使用砖块和泥巴砌封好洞口（图 2-16）。窨水开始后，什么时候渗多少水进入窑内需要人为把控好，往往是先慢后快，先少后多，保持一定的下水速率，不可急剧降温。图 2-11 中所示就是窨水区域，具体操作详见第五

图 2-11　窨水田

图 2-12　窨水田最原始的样子

图 2-13　窨水田里面的成分

图 2-14　糊塘

图 2-15　防雨棚

图 2-16　砌封洞口

图 2-17 小窑残存的圆形窑壁

章"御窑金砖的制作工艺"。

电视系列片《话说运河》里有一个袁寿生的老窑工当年曾经言道：窑有大小两种（图 2-17），烧金砖必须大窑，并且只能在"窑心"（窑中央）排放 50~100 块金砖坯，四周则以杂砖坯料护围。在陆墓地区确实曾经有过数不清的家庭小窑，那是一种砖砌的小型柴烧窑，和庞大的、烧造金砖的馒头窑确实不同，它们主要用来烧制蟋蟀盆。事实上，在明清 500 年的历史长河中，陆墓御窑除了接受指令生产皇室专用的金砖外，更多的时间是用来生产花色砖瓦（古建筑砖瓦）等的，它们虽受辖于工部，但终究是私营而非官营。

金砖烧制的成功与否具有很大的偶然性，于是陆墓的窑户都会供奉窑神（炉神），希望依附于神灵的保佑。清代顾震涛在《吴门表隐》中曾经说道："窑神阁在娄郊老土地西，神姓樊名己，即夏臣昆吾氏。按：《物原》'昆吾'作石灰。衬以陶砖乌曹氏、陶瓦杨於陵二神，灰窑同业奉香火，莫颐记。"莫颐（养恬），元和人，他记录了窑神阁是石灰、砖、瓦等"同业奉香火"。与木工奉鲁班、蒯祥为祖师爷一般，砖的发明人乌曹氏被封为窑神之一，《太平御览》卷七六七引《古史考》有"乌曹氏作砖"的记载。昆吾氏，是南方部落首领吴回（五帝颛顼一族）的孙子，其部族在商汤灭夏前被驱赶至西南方向，形成了后来的楚国，北宋李诫《营造法式》引《古史考》曰"昆吾氏作瓦"，于是昆吾氏也是窑神之一。杨於陵（753—830），字达夫，汉太尉杨震的后裔，19岁进士及第，20岁登博学鸿词科，官至"尚书左仆射"，他在出任岭南节度使的时候，曾"教民陶瓦以蒲屋，以绝火患"（《新唐书》卷一百六十三"杨於陵传"），后世将其奉为砖瓦行业的窑神。陆墓的窑户奉祀炉神应该有庙祭、窑祭等形式。因此，装窑点火前以猪头祭祀窑神成了该地区的传统习俗。可惜的是，这方面的文字记载甚少。

第三节 精雅的金砖

南朝梁文学家丘迟在《与陈伯之书》中写道："暮春三月，江南草长，杂花生树，群莺乱飞。"苏州地处美丽富饶的长江金三角，杏花春雨，田土膏腴，人口富稠，不仅是"花柳繁华地"，更是"温柔富贵乡"。自从隋炀帝开凿京杭大运河之后，苏州就获得了天堂美誉，明清时期，苏州为"东南第一都会"，"民物浩穰"。明代高启（1336—1373）有首《姑苏杂咏·吴趋行》这样写道："财赋甲南州，词华并两京。"嘉靖时礼部尚书顾鼎臣云："财赋甲天下。"清代《韵鹤轩杂著》一书描述当时的苏州："士之事贤友仁者必于苏，商贾之籴贱贩贵者必于苏，百工杂技之流其售奇鬻异者必于苏。"乾隆二十七年（1762）的《陕西会馆碑记》云："苏州为东南一大都会，商贾辐辏，百货骈阗。上自帝京，远连交广，以及海外诸洋，梯航毕至。"正是苏州区域十分繁荣的经济文化以及便利的交通，成就了名冠天下的陆墓御窑金砖，在其身上留下了深深的地区烙印。

首先，苏州经济重商、兴商为御窑金砖烧造提供了保障。

明初，"太祖定天下官、民田赋……惟苏、松、嘉、湖，怒其为张士诚守，乃籍诸豪族及富民田以为官田……大抵苏最重，松、嘉、湖次之，常、杭又次之……时苏州一府，秋粮二百七十四万六千余石，自民粮十五万石外，皆官田粮。官粮税额与浙江通省埒，其重犹如此"（《明史·食货志》）。明太祖朱元璋因为对张士诚的仇恨，故对苏州地区重赋苛税，苏州一府要上缴的田赋秋粮和整个浙江省相等。《大明会典》卷十九云"直隶苏州府田土计九万八千五百六顷七十一亩"，卷三十七云"夏税麦六万三千五百石，绢一万四千一百五十七匹，秋粮米二百七十四万六千九百九十石，钱钞二千三百二十一锭"，不算绢、钱钞，占全国百分之一的田亩缴纳了近百分之十的夏麦秋粮米。土地狭小，赋税又如此沉重，只能以工商来辅之。所幸，商业、手工业的政策还算相对宽松，随着田赋折银政策的实施，于是就出现了明人林大春（1523—1588）所说的"供力于他以充赋"。苏州的手工业者可以做工充赋税，可以以技艺闯荡大江南北，比之农业劳作他们要轻松一些。明代何良俊（1506—1573）在《四友斋丛说》中说："今去农而改业为工商者，三倍于前矣。"另外还有徭役折银等。明代吴江人张内蕴、松江府华亭人周大韶在《三吴水考》卷十四云："况徭役之繁，织造之费，邮驿之供，砖厂之价，丁田里夫，青夫兵饷之需，岁派坐派之征，皆视税粮而取盈焉……"

明正德宰相王鏊在《姑苏志》中曾说："今观之吴下，号为繁盛，四郊无旷土。其俗多奢少俭，有海陆之饶，商贾并辏。精饮馔，鲜衣服，丽栋宇；婚丧嫁娶，下至燕集，务以华缛相高；女工织作，雕缕涂漆，必殚精巧。"苏州重商、兴商与重视手工业、尚奇技工巧可谓相辅相成。一方面，手工业产品是商人逐利的货源，大量手工艺品的销售可以刺激商品货币的流通和经济的发展；另一方面，商业的繁荣使得手工业产品进步，也让人的思想变得更加开放。在苏州，士固然可敬，但是农、工、商也不可鄙，当地社会对于手艺人的尊重，是其他各地所不能比拟的。苏州的能工巧匠们善于思考，敢于创新，手艺精湛绝伦，诚如宋应星在《天工开物》中所说："工巧首推苏郡。"明万历年间的进士王士性（1547—1598）在《广志绎》中说："毕竟吴中百货所聚，其工商贾人之利又居农之什七，故虽赋重，不见民贫。"

清代赋税征收沿用明代税制，但是将丁赋摊入了地粮，并且规定，从康熙五十年（1711）以后，永不加赋。这是历代所没有的盛举，因为丁赋取消，没有田地的人就不必缴纳国赋了，这对于手工业者、商人来说都是一件幸事。于是苏州城内五方杂处、万商云集，这就有了徐扬《姑苏繁华图》（题跋中称《盛世滋生图》）所描绘的场景（图2-18）。据李重伯在《江南的早期工业化（1550—1850）》一书中的预估，1850年江南市镇的工商业人口占比已经达到了20%，也就说五个人中就有一个人从事工商业，苏州的经济生产可见一斑。

明、清两代，苏州重商、兴商为御窑金砖烧造提供了良好的社会环境。陆墓窑户生产的金砖虽然非商品性质，但是在那样一个作业精细、造物斗巧、贾而好儒的环境里，想不精心制作都难，何况还是皇家用品，虽然耗时、耗力，但力求"制器尚象""文质彬彬"，御窑烧制的金砖最终获得了皇帝的认可，成为"钦工物料"。

其次，卓尔不群的御窑金砖里藏着苏州文化的特征。

图 2-18 《姑苏繁华图》(局部)之木渎镇

如果用两个字来形容苏州文化,那一定是"精"和"雅"。精致在于苏式菜肴的"率五日而更一品",在于平常巷陌的"小桥流水人家",在于艺人手工的"水磨功夫"……风雅在于吴侬软语的温婉细腻,在于昆曲表演的一唱三叹,在于苏州园林的山水意境……

明清社会,苏州文化大放异彩,作为一个具有悠久文化传统、商品经济又特别发达的地区,苏州人的生活方式和行为方式明显有异于他处:这里"家家礼乐,人人诗书"(莫旦《苏州赋》),人与人的互动交流也变得十分频繁,特别是士这个阶层以广交游蔚为一时风尚,他们同市民阶层、商业社会的联系十分密切,也更加敢于肯定物质享受的要求。明代有一位叫黄省曾(1490—1540)的士子,他一生著述颇丰,内容都涉及农学,包括《稻品》(又称《理

生玉镜稻品》)、《蚕经》(又称《养蚕经》)、《鱼经》(又称《杨鱼经》)、《菊谱》《芋经》(又称《种芋法》)、《兽经》等。袁宏道(1568—1610)在《瓶花斋集》中说:"古今好尚不同,薄技小器,皆得著名……士大夫宝玩欣赏,与诗画并重……近日小技著名者尤多,然皆吴人。瓦瓶如龚春、时大彬,价至两三千钱,龚春尤称难得,黄质而腻,光华若玉。铜炉称胡四,苏、松人有效铸者,皆不能及。扇画称何得之,锡器称赵良璧,一瓶可值千钱,敲之作金石声,一时好事家争购之,如恐不及……"张岱(1597—1689?)在《陶庵梦忆》中则把"吴中绝技"上升到了"道"的层面,曰:"陆子冈之治玉,鲍天成之治犀,周柱之治嵌镶,赵良璧之治梳,朱碧山之治金银,马勋、荷叶李之治扇,张寄修之治琴,范昆白之治三弦子,俱可上下百年

保无敌手。但其良工苦心,亦技艺之能事。至其厚薄深浅,浓淡疏密,适与后世鉴赏家之心力、目力,针芥相对,是岂工匠之所能办乎?盖技也而进乎道矣。"由此可见,匠人之"器"和文人雅士的"道"要结合起来,才能更加受到世人喜爱。《论语》中曾经说"质胜文则野,文胜质则史,文质彬彬,然后君子","技进乎道"是衡量器物格调文野高下的依据。

苏州崇文尚艺的人文环境为御窑金砖工艺的卓尔不群提供了文化养分。窑户"知翰墨",能与负责督办的朝廷官员就造砖之事进行交流。张问之的《造砖图说》显然不是自己凭空捏造,而是深入过金砖生产地,通过观察、聊天之后的记述。窑工们凭借着苏州的生活经验和长期以来的生态经验积累,烧制出质量上乘、文质彬彬的金砖,其中的"道"则通过口口相传流传至今,这也是金瑾等能作《金砖造作天道人事图》的原因。儒家讲"质有余者,不受饰也",朴拙的金砖承载的正是文人高雅的精神文化内涵,以苏州文化的特质"精雅"二字来形容它再合适不过了。南京博物院藏有一件明代万历年间的黄花梨夹头榫刀牙板平头案(图2-19),其一足的上部刻有铭文篆书,曰:"材美而坚,工朴而妍,假尔为冯(凭),逸我百年。万历乙未元日充庵叟识。""材美而坚,工朴而妍"体现的也是御窑金砖的审美意蕴,不仅在于内容和形式的统一,还在于自然文雅的艺术风格。

图 2-19 南京博物院藏黄花梨平头案及铭文

最后，苏州交通的发达和通畅为御窑金砖顺利到达紫禁城提供了便利。苏州水系众多沟通各地，康熙末年，翰林院检讨孙嘉淦就曾在《南游记》中写道："姑苏控三江、跨五湖而通海，阊门内外，居货山积，行人水流，列肆招牌，灿若云锦，语其繁华，都门不逮。"苏州作为京杭大运河（图 2-20）江南段的枢纽要津，集散东西，运输南北，产自陆墓的御窑金砖也是通过大运河运送至京城的（详见本书第三章第三节"金砖的起解与储存"）。意大利传教士利玛窦（1552—1610）在《利玛窦中国札记》中曾经有这样一段记载："中国人喜欢用砖而不用石，供皇宫所用的砖是由大船从一千五百英里（2414 千米）之外运来的。仅是为此就使用了许多船只，日夜不断运行。"寥寥数语，描绘了精美的金砖运输之繁忙。

图 2-20　运河全图〔引自郑肇经（1894—1989）著《中国之水利》〕

第三章　御窑金砖相关规制

明清时期，御窑金砖大致经历了由小到大、由厚到薄、由粗到精，由不标明名称到定名为"金砖"的发展演变过程。由于工艺复杂而考究，其生产、运输、验收、领用及存储等每个环节的管理都有十分严格的规定，尤其是在清代，对于一些执行不力的规章制度朝廷都及时做出了新的调整。大约在乾隆皇帝之后，御窑金砖的相关规制趋于比较稳定，一直到清代末年基本上没有多大的改变。

这里不得不提一桩发生在乾隆五十九年（1794）六月的金砖事件。当时，乾隆皇帝正在热河行宫避暑，忽然接到了江苏巡抚奇丰额（1745—1806）递上来的奏折，里面说接到工部烧制金砖六千块（副砖二千四百块）的行文，请求皇上御批动支银两。乾隆皇帝阅后大感不解，他清楚记得四十九年（1784）尚存金砖两千块，当年又烧造正砖六千块副砖六百块，新旧合计有八千六百块砖，为何又要行文成造，又是如许之多的金砖？于是传谕工部堂官将个

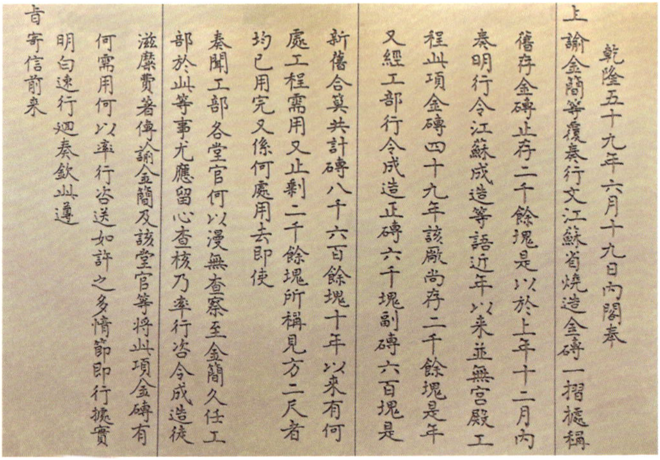
乾隆五十九年六月十九日内閣奉
上諭金簡等覆奏行文江蘇省燒造金磚一摺據稱
舊存金磚止存二千餘塊是以於上年十二月內
奏明行令江蘇成造等語近年以來並無宮殿工
程此項金磚四十九年該廠尚存二千餘塊是年
又經工部行令成造正磚六千塊副磚六百塊是
新舊合算共計磚八千六百餘塊十年以來有何
處工程需用又止剩二千餘塊所稱見方二尺者
均已用完又係何處用去即使
奏聞工部各堂官何以漫無查察至金簡久任工
部於此等事尤應留心查核乃率行咨令成造徒
滋糜費著傳諭金簡及該堂官等將此項金磚有
何需用何以率行咨送如許之多情節即行據實
明白速行廻奏欽此遵
旨寄信前來

图 3–1　乾隆五十九年金砖事件

中情节立即据实回奏。总理工程事务大臣金简（？—1794）奉谕后立即复奏："旧存金砖止存二千余块，是以于上年十二月内奏明行令江苏成造。"（图 3–1）金简的复奏让乾隆皇帝龙颜大怒，"岂有不问有无工程，每次拘泥成例，辄以六千余块为率，行令成造之理"，指责工部"蒙混具奏"，滥用职权"徒滋糜费""浮冒开销"，"今经传询，又复借词支饰，希图含混"。他责令军机大臣福长安（1760—1817）、大学士伯和（指和珅，1750—1799，他以大学士的身份监管着吏部和户部，1788 年被封为三等忠襄伯）等人仔细清查有关旧账。

金简，字可亭，是朝鲜人后裔，他的姐姐是清高宗淑嘉皇贵妃。李押《燕行记事》记载："盖金简之妹即皇上宠妃，而年前已故，今方移宠于此辈，居兼用事。"金简"为人多心思"，当时曾参与多处皇家工程的营造与修缮，《清朝野史大观》卷三《朝鲜人入仕中国》中记载他曾经"手创武英殿聚珍版程式，颇称精巧，清主甚亲幸之"。朝鲜文学家朴趾源的《热河日记》中有一段朝鲜王朝使臣李泰永于乾隆五十年（1785）给国王朝鲜正祖李祘（1752—1800）的报告，说："工部尚书金简亦以戚畹，恩宠甚赫，赐与便蕃，为和珅之亚。"金简即便显赫朝野、恩宠至此，一旦牵扯金砖案，乾隆皇帝要求军机大臣福长安立即面询他，将四十九年（1784）以来金砖的使用情形，"详悉开缮清单，一并据实具奏"。据他交代，所有咨取金砖共计六千余块，俱有来文可查，而剩余二千余块，现存通州厂内，至于各处所换金砖，按照惯例仍存原处而不交工部查核。金简表示：五十八年（1793）底，工部拘泥成例，率行咨造，前蒙降旨询问，又未明白声叙，实属糊涂错误（图3-2），因此请交部严加议处并分赔此次办理金砖全部工价银两。他奏请乾隆皇帝表示自己"扪心自揣，悚惧难安"，请恩准他"缴双俸五年"以示惩儆。乾隆皇帝在他的奏折上朱批"览，实当"。此外，乾隆皇帝还问责了工部官员伊龄阿（？—1795）等，让他们也要分摊赔偿。金简虽然没有被罢官，但是金砖风波对他的打击让他一病不起，5个月后，即五十九年（1794）十二月就一命呜呼了。

借着新砖烧造和使用的问题，乾隆皇帝还明确指出了

图 3-2　金简奏折

旧砖的问题。据《清高宗实录》卷一四五五中记载的六月二十四日的上谕："至金简所称各该处所换金砖，向例俱仍存各该处，不交工部查核等语，殊属非是。向来各项物料，皆系交旧换新，岂有金砖一项专领新砖，而所换旧砖并不缴回漫无稽查之理？恐难保无支饰含混情事，宜趁此查办之时，将此事检查确实。"鉴于福长安在京办完事后应立即赶回热河，不能在京久待，"着派绵恩、胡季堂、金简、伊龄阿将各该处节次领取新砖若干，何处需用，及所换旧砖现存何处，为数共有若干，与所领之数是否相符，有无浮冒侵用之处，会同详悉查核，具实复奏"。为此，乾隆五十九年（1794）七月初三日，《定亲王绵恩等为遵旨查明各处所用金砖数目事奏折》（图3-3）中有言："本年六月二十六日，接到大学士伯和字寄，二十四日奉

图3-3 《定亲王绵恩等为遵旨查明各处所用金砖数目事奏折》

上谕……臣等当即行查工部、内务府，自四十九年起，将领用金砖数目，及换下旧砖现存何处，各该监督曾否报销，逐一查报去后。今据各该处开单登复前来。查工部原报各工用去金砖六千四百八十三块。今按照所用数目，逐一核对详查……内除景运门、隆宗门地面共用过金砖二千三百七十九块，此二处向系沙砖，今改换金砖，并无换下旧砖……臣等查前项工程换下金砖，虽查明各该监督等，有现存公所者，亦有无存者。即所存者，皆破碎零星，间有成块者，核之原数，亦不相符。此皆由该监督漫不经心，以致损坏过多。而该部堂官初未意及各工换下旧砖，令其回缴，实难辞咎。除该部堂官业经交部严加议处候部办理外，请将前项所短金砖，按照原造价值着落各该监督赔出，仍交史部查取职名，分别议处。"乾隆皇帝对于绵恩的奏折虽然有"依议"的朱批，但是他在给大臣的御旨中也曾经反驳过："折内所称，景运门、隆宗门两处地面向系沙砖，今改换金砖，并无换下旧砖可缴等语，此何言耶！沙砖岂竟无可用之物耶！景运、隆宗二门系朕不时往来之处，曾忆门中系铺墁金砖，两旁似系沙砖。今据称景运门、隆宗门地面向系沙砖，即欲更换，彼时何以并未奏明？"金砖事件最终以一部分人赔罚银两，一部分人交部议处而告终。乾隆皇帝对于脚下铺地金砖的追根问底，恰恰说明了凡涉御窑金砖事宜均非小事，御窑金砖的管理之严格可窥一斑！

第一节 金砖的尺寸与铭文

一般而言，御窑金砖均为见方尺寸，通常有三种标准规格：一尺七寸、二尺和二尺二寸。《大明会典》云"苏州窑烧造二尺、尺七细料方砖"。张问之《请增烧造工价疏》中有"况阔及二尺二寸、一尺七寸"之言。《大清会典》卷七十二云："苏州窑设于江南苏州府，制造金砖，大者方二尺二寸，次二尺，次尺有七寸。"《江苏巡抚张渠奏为成造金砖维坚请开销副砖价值折》中云："今年奉文敬造钦工金砖，共计八千余块。内尚有二尺二寸金砖，砖身愈大，烧造愈难，且事属创始。"宋玲平在《清宫金砖档案研究》一文中曾经根据清代文献、档案和金砖实物相互参见，由此推论出二尺二寸砖在清代始烧时间为乾隆二年

（1737）。光绪三十四年（1908），慈禧的菩陀峪万年吉地甚至提出过需要二尺四寸金砖的需求，终因前无此例，御窑难以成造。金砖成造，"计其大小，以差等其价之高下"（《大清会典》），也就是说金砖的定价（包括包装价格）都和金砖的规格息息相关。《大清会典》中记载："顺治十四年核准，江苏等七府二尺金砖每块工料银五钱八分八毫，尺七金砖每块工料银四钱八分二厘七毫。江宁、池、太、常、镇等六府二尺副金砖每块工料钱四钱三分七厘三毫二丝，尺七副金砖每块工料银三钱一分六厘。苏州府二尺副金砖每块工料银三钱三分三厘，尺七副金砖每块工料银二钱七分七厘。"到了乾隆初年，据《钦定大清会典事例》记载："乾隆三年复准，烧造二尺二寸金砖，正砖每块销银九钱一分，副砖销六钱三分七厘，二尺正砖每块银四钱九分四厘八毫，副砖三钱三分三厘八丝，一尺七寸正砖每块银四厘三毫，副砖二钱七分七厘。照十正三副例定价。"这一核算标准自此至清末都基本未变。当然，除了见方尺寸的金砖外，还有长宽尺寸不等的金砖。《钦定工部续增则例》中记载，如造办金砖有长宽尺寸不同之处，其所需砖价以及厂具稻草蒲包草索银两，将所造砖块折实见方尺寸，比照相仿各项金砖尺寸正副料则折算。

　　周震麟、金瑾所著《御窑金砖》一书曾在"金砖的尺寸"一节以"嘉靖牙尺"和"康熙牙尺"将金砖的尺寸换算成我们现在常用的国际单位长度。他们认为明代的"一营造尺则约相当于今天公制的 32 厘米……一尺七寸和二尺，分别相当于今天的 54 厘米和 64 厘米，而窑户烧制出的金砖的实际尺寸，会略宽于一尺七寸或二尺……以加宽一寸算，明代金砖在今天的实测尺寸一般在 54~57 厘米（通常不会超过 57 厘米）和 64~67 厘米（通常不会超过 67 厘米）"，清代的"一营造尺与明代相同，也相当于今天公制的 32 厘米……一尺七寸、二尺和二尺二寸，分别相当于今天的 54 厘米、64 厘米和 70 厘米。窑户烧制出的金砖的实际尺寸，以加宽一寸算，清代古金砖在今天的实测尺寸一般在 54~57 厘米（通常不会超过 57 厘米）、64~67 厘米（通常不会超过 67 厘米）和 70~73 厘米（通常不会超过 73 厘米）"。事实上，这些统计与我们目前所能见到的金砖实物还是有少许误差的，如御窑村姚某某家的两块明代"正德元年五月"的金砖，标明"直隶常州府委官知事邵恕该吏金奇李仪殷惟用""窑户吴永辉造"，没有写砖名和尺寸，实测其长、宽、厚为 50 厘米、50 厘米、12 厘米；陆墓韩家村王某某家的"正德十四年夏季分成造二尺方砖"，其长、宽、厚分别是 68 厘米、68 厘米、11.2 厘米；陆墓上塘潘某某家的"康熙二十一年成造细料金砖"，长、宽、厚分别是 67 厘米、67 厘米、8.5 厘米；御窑金某某家的金砖刻有"乾隆二年成造细料二尺二寸金砖""江南苏州府知府黄鹤鸣署知事丁士英管造""甲二小甲陈沈明窑户金汉吾明"，其长、宽、厚分别为 72.5 厘米、72 厘米、10厘米；陆墓南窑六队杨某某家的宣统三年（1912）金砖，长、宽、厚分别是87厘米、82厘米、10.5厘米，可以称得上特大金砖。还有陆墓香炉浜张某某家的"嘉庆十二年（1533）成造细料二尺二寸金砖"，长、宽、厚分别是70.5厘米、49厘米、10厘米，为条形，比较罕见……似乎从乾隆二年（1737）以后，金砖的铭文尺寸不变，但成砖实际尺寸有增大趋势。众所周知，金砖烧造，尺寸越大，难度越大，投入的泥料和工艺制作的要求越高，这也充分见证了御窑金砖制作技艺由明至清的进步。

目前公认存世最古老的御窑金砖是"正德元年"（1506）烧造的。为何不见文献中所述的"永乐金砖"呢？事实上，临清窑的贡砖最早实物是"成化十八年"（1482）的。有人说，在西泠2012年春季"首届明清御窑金砖专场"拍卖会上不是拍出过一对极为罕见的永乐十七年款金砖吗？它的长、宽、厚分别是53厘米、53厘米、7.5厘米，其中一块清晰可见"永乐十七年三月初五日""直隶苏州府县官典史欧祖黑窑户高平曹多佳造"，另一块也隐约可见"永乐"二字，最终成交价80.5万元（图3-4）。还有人说北京皇城御窑金砖博物馆不是有一块长宽各72厘米、砖体满是残缺和破损、有清晰落款"永乐"的御窑金砖吗（图3-5）？笔者以为：御窑金砖有边款应自明代中叶始，诚如周震麟、金瑾在《御窑金砖》一书中所说："除了洪武时南京城墙砖（图3-6）之外，洪武、永乐至成化以前，

图 3-4 "首届明清御窑金砖专场"会上的"永乐金砖"

图 3-5 北京皇城御窑金砖博物馆内的永乐金砖

明代没有在所造的砖身侧面镌刻铭文以实施造砖责任制的常例……目前所见的所有'永乐砖'实物……多是以面市的方式面世的。"

每一块金砖责任到人，在砖坯的侧面戳印，包含年号、砖的尺寸、分管地区的"工官"信息、窑户信息等，这就是金砖的铭文，又称款识（图3-7）。铭文在明清时期主要用以备查金砖的质量事故，一般在砖侧有三条，故又称金砖的边款，如"正德十四年□季分成造二尺方砖""委官直隶徽州府通判何□□□□""敏"（图3-8），末一条当是

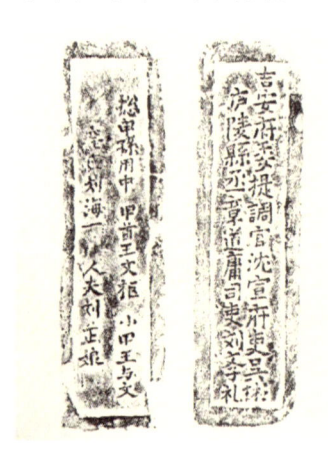

图 3-6 南京城墙砖铭文

60

图 3-7 金砖铭文

窑户姓氏。这有点类似当下可以读取的二维码，是属于每一块御窑金砖的独特身份信息。个别款识是两条或者四条，如"嘉靖十一年夏季分造二尺方砖""南直隶苏州府管工官知事李大策□□□□造"（图3-9）、"乾隆十九□□□□尺细料金砖""江南苏州府知府赵酉知事□□□□""小六甲窑户鲍圣一""福"（图3-10）等。

由上文可见，金砖的铭文与青铜器等其他器物上的铭文稍有不同，它们不在于阐发器物的用途或者内涵，只是单

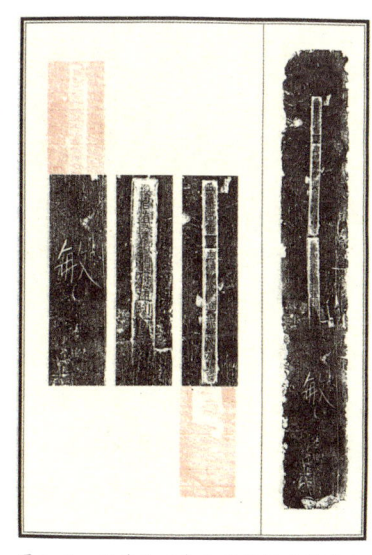

图 3-8 正德十四年金砖款识（转引自袁吉主编《苏州御窑金砖款识图释》）

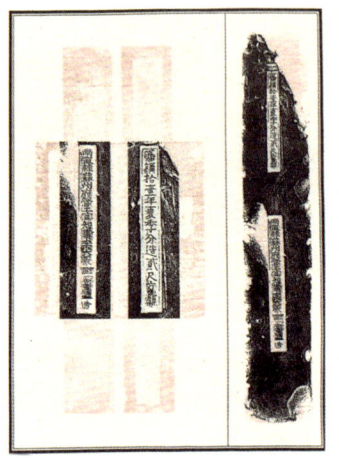

图 3-9　嘉靖十一年金砖款识（转引自袁吉主编《苏州御窑金砖款识图释》）

图 3-10　乾隆十九年金砖款识（转引自袁吉主编《苏州御窑金砖款识图释》）

一地说明金砖的生产时间和规格大小、相关管造人员的职官和姓名、窑户的姓名和属地、印记等。出于追责的考虑，金砖款识铭文要更加规范、严格，达到了格式化，这说明工匠责任制在当时已经相当成熟。《礼记·月令》篇中云："物勒工名，以考其诚，工有不当，必行其罪，以究其情。"这或许就是"工匠责任制"的发端。款识在我国可以说具有数千年的历史，而金砖铭文因其独特性和唯一性占有重要的位置，成为研究明清时期官制、户籍、民俗、管理体制等政治、经济、文化诸多层面不可多得的史料。袁吉主编的《苏州御窑金砖款识图释》一书收录有143块金砖铭文,上至明正德,下至清宣统,并附有《苏州府督（监）造金砖部分官员简介》合计34人,《御窑金砖督（监）造官官职简介》,《留名御窑金砖部分窑户名录》合计378人(其中明代53人,清代325人)等。金砖铭文的内容和格式从明正德到清宣统虽然变化不大,但是可以看出明代一般都由正五品的同知或正六品的通判作为属地官员负责烧造,清代则是由正四品(乾隆十八年后改从四品)的知府直接担任负责烧造的事务。明清两朝管理金砖烧造事务官员官职的变化告诉我们,清代担任金砖督（监）造官员的品级比明代有所提高,这也足以说明朝廷对御窑金砖管理的不断加强。金砖铭文多为阳文,少有阴文。款识一般为楷书,呈单列形式,不同的信息以方框隔开,方框外围环以双线。细心的朋友甚至能发现明清两代金砖的年款格式的细微差别,明代金砖往往会具体到某季。再如金砖的窑款,"窑户小甲田吴徐中户王能弟造"传递的不仅是烧造金砖人的基本信息,也反映了明清两代的里甲制度,即以纳税户为单位,每110户编为一里,选纳粮最多的10户充当里长,里下设甲,每甲11户,其中一户为甲长。许多金砖除了年款、官款、窑款外,还有印记款。这些印记款也可以看作是窑户的标志,其中"进京""上用"等印记款识可以清楚地表明这些金砖正是为朝廷烧造的。

金砖铭文除了可以明确责任外,还有一个用途就是可以借助它们断代,这里尤其要注意丁文父在《金砖识录》中所说的"僭年款"现象。所谓"僭年款",指的是金砖铭文的时间和官员任期不相符,常见的情况是后人僭用前朝年号,如金砖款识"永乐二年成造细料二尺二寸金砖""江南苏州府知府黄鹤鸣署知事丁士英管造""二甲小甲陈沈朋窑户陈嘉揆"。由上文中我们也已经知道了"江南苏州府知府黄鹤鸣署知事丁士英管造"是乾隆年间的事情,却要伪造永乐砖,这就需要谨慎对待了。当下,金砖的烧造也会戳印"嘉庆二十一年成造细料二尺见方金砖""江南苏州府知府音德和知事谢良绍管造"等(见第一章中图1-5),这可以理解成一种尚古现象吧,并非恶意为之。当然,还有一种情况会出现年款时间晚于官员任期,这种情况比较少见,如天启砖却戳上了"直隶松江府管验同知尤大治管工华亭县典吏……",殊不知尤大治是万历三十四年(1606)任松江府同知的,天启年间早已离任。造成金砖铭文"僭年款"现象的原因有很多,篇幅有限,这里就不一一讨论了。

第二节 金砖的挑选与副砖制度

张问之《造砖图说》中说出窑后的金砖"或三五而选一,或数十而选一,必面背四旁,色尽纯白(图3-11),无燥纹(图3-12),无坠角,叩之声震而清者,乃为入格"。乾隆四年(1739)六月初九日江苏巡抚张渠奏折中言"金砖关系钦工物料,必须颜色纯青、声音响亮、端正

图 3-11　色尽纯白　　　　　　　图 3-12　燥纹

完全、毫无斑驳者，方可起解"。《钦定大清会典事例》卷八百七十五记载，嘉庆七年（1802）奏准，各工需用金砖，如缺角缺边仅宽一二分以至八九分、惊纹不至通长者，尚属无碍磨砍分位，仍准其收用……如边角缺宽在一寸以外，惊纹至通长者，即照破碎砖块之例。惊纹和燥纹不同，燥纹是煨窑（即烘烧）时升温过快引起的，惊纹则是窨水速率太快引起的。惊纹就像蜘蛛丝一般看得见摸不着，却最为致命，这就是"打破砂锅璺（问）到底"的璺线（图 3-13）。金砖烧造费时费力，来不及的时候就会稍微降低一些挑选的标准，甚至还会从往年挑剩下来的副砖中再次挑选。《大明会典》卷一百九十中就记载了："嘉靖三十七年题准，将先年被选副砖窑户家藏者，首验合式，照例给价取用。"明清时期，虽然没有检测金砖的试验台，全靠有经验的工匠师傅用他们的眼睛和耳朵来鉴别金砖是否足够少孔、响亮、无瑕，进而判断其是否合格，但是由于金砖起解至京后工部有着严格的质量验收程序和严厉的处罚措施，金砖

图 3-13　"打破砂锅墨（问）到底"的墨线

的挑选是来不得半点轻慢懈怠的。《两宫鼎建记》中言："务要坚莹透熟、广狭中度……如解到方砖，间有色红泥粗，不中旧式，该管理以侵渔重究。"《大清会典》中也记载了官员起解金砖，如果不拣择精美，以不堪用者解送，或折损，或迟延，俱罚俸一年，巡抚、布政使也要各罚俸六个月。

为了保证金砖有更多的可挑选余地，于是从明代开始，便采用了"副砖制度"。所谓"副砖制度"，就是窑户在烧造工部行文要求数量的金砖（正砖）的同时，须要加造或另造一定数量的备用砖，即副砖。李国荣、宋玲平在《清宫金砖档案》一书中说：副砖制度在嘉靖三十七年（1566）以前已经实行，按照"旧例，二尺金砖，烧造一正二副，尺七金砖，烧造一正一副"。顺治十二年（1655），由于料价繁费，题准"每副砖十块内应减去七块，准造三块"（《钦定大清会典则例》卷一百二十八）。顺治十五年（1658）又核准"金砖各准一正一副开销"，康熙十八年（1679）题准"每正砖十块，准造副砖三块"，康熙二十九年（1690）题准"每正砖十，烧造副砖一"（《大清会典》）。在实际操作层面，地方官员却还是会以摊派公捐的方式让窑户"以足一正一副之数"。乾隆三年（1738），禁止派卷、耗费归公，让金砖副砖的费用无处报销，在这种情况下，署理江苏巡抚许容上奏折请求恢复原有的副砖制度，即一尺七寸、二尺金砖准予以"一正一副"烧造，二尺二寸金砖准予"一正二副"烧造。他建议正砖开销动用地丁钱粮，副砖开销动用"存公银两"。这一请求后被工部大部分驳回，但是总算还是有点成效的，允许"每造正砖十块，准动存公银两烧造副砖一块"，副砖一并解京。乾隆四年（1739）六月初九日，江苏巡抚张渠上了为烧造金砖维坚请开销副砖价值事的奏折"仰恳皇上天恩，俯照前署抚臣许容原奏，二尺二寸金砖准造一正二副，一尺七寸与二尺金砖准造一正一副""所造副砖数内除斑驳破损不全者仍行弃毁外，如有尚系纯全之砖，应再加挑选，一体给发运脚，解部收贮"（图3-14）。乾隆皇帝朱批"该部密议具奏"，工部提出了"十正三副"烧造，于是副砖的数量终于在乾隆四年确定了下来，核准"一尺七寸、二尺及二尺二寸金砖均按照顺治十二年、康熙十八年正十副三例烧造"（《钦定大清会典则例》卷一百二十八）。《钦定大清会典事例》卷八百七十五《工部·物材》则记录如下："苏州窑烧造金砖。顺治十二

图3-14 《江苏巡抚张渠奏为成造金砖维坚请开销副砖价值折》

修造乾清宫等宫，需用二尺、一尺七寸铺地金砖，部委官至苏州会同巡抚估计，交地方官动支本省解部正杂改折等银造办。又题准，旧例二尺金砖，烧造一正一副，一尺七寸金砖，烧造一正一副，料价繁费，嗣后每副砖十块内，减去七块，止造三块。十五年复准，金砖各按一正一副开销。康熙十八年题准，令江宁巡抚动支正项，烧造二尺、一尺七寸金砖，万五十四块，每正砖十，烧造副砖三。二十七年题准，令江宁巡抚动支正项，烧造二尺金砖千四百九十块，一尺七寸金砖千一百五十九块，每正砖十，烧造副砖一。雍正三年题准，令江宁巡抚动支正项，烧造一尺七寸金砖万块。乾隆四年复准，一尺七寸、二尺及二尺二寸金砖，均照顺治十二年，康熙十八年正十副三例烧造。""十正三副"烧造制度一直沿用到清末。

嘉庆年间江苏巡抚魏元煜（？—1825）奏折中提

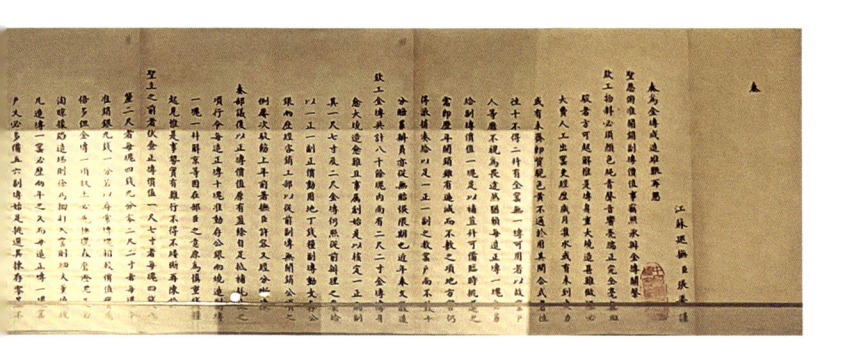

及："查得前项二尺正金砖一千五百块,需用料工等银八百七十一两二钱,应于安徽及江苏两藩司库正项银款内动支。又二尺副砖四百五十块,需用料工银一百五十两二钱四分六厘,并随正解京十正一副金砖一百五十块,需用稻草包索银一十一两一钱,共银一百六十一两三钱四分六厘。"(图3-15)烧造正砖一千五百块,配了副砖四百五十块,正好是"十正三副"烧造。但是起解金砖是"十正一副",副砖一百五十块。这一点在乾隆十五年(1750)《两江总督黄廷桂为照例动支银两办运圆明园寿皇殿等处金砖事奏折》中也可以得到印证:"江省奉文办解各案金砖内,上年委员丁士英起解宝源、宝泉二局金砖一千块,副砖一百块,今又起解内庭工程、圆明园、寿皇殿等项金砖,共有八千四百七十六块,又备带副砖八百四十七块六分,合共正副金砖 万四百二十三块六分。"由此来看,

图 3-15 江苏巡抚魏元煜奏折

副砖是要经过挑选之后按照"正十副一"比例运往京城的。

第三节 金砖的起解与储存

永乐帝决定迁都北京之时，就开始疏浚大运河，将其恢复为南北通运的主要运输路线。运河北段的疏浚于1411年7月开始，整整4年后，南段工程也于1415年7月正式开始。运河全线贯通之后成为明清两代南北商业和运输的主要动脉，也为南货北运提供了可能与便利。利玛窦笔下的运河景象为："从水路进北京城或者出北京都要通过运河，运河是为运送货物的船只进入北京而建造的。他们说有上万条船从事这种商业，它们全都来自江西、浙江、南京、湖广和山东五省。这几个省每年都向皇帝进贡大米和谷物，其他十个省则以银子上税。除去这些进贡的船只外，还有更大量的船都属于各级官吏们，来往不绝，再有更多的船从事私人贸易。"总之，在明代迁都北京之后，包括金砖在内的600多种物品，通过运河源源不断地成为皇家的衣食住行之所需（图3-16）。因此，有了"北京是大运河上漂过来的城市"的说法。

烧造完毕的御窑金砖单立排放，在经专人严格挑选后，就进入了包装环节，主要包括包纸、荄草、扎篾、卷龙、入框等，包装的材料涵盖黄纸、稻草、蒲包、草索等（图3-17）。包纸是指用黄纸包封，使金砖相叠稳定不滑摇。荄草是把已经包过纸的金砖每两包以上重叠荄扎。扎篾分扎里篾与扎皮篾两种，花草荄后扎里篾，一般是三道。里篾扎后进行卷龙，再将包索好的金砖装入木制包装框里，用稻草绳捆扎木框，这样可以更好地保护金砖不受碰撞。

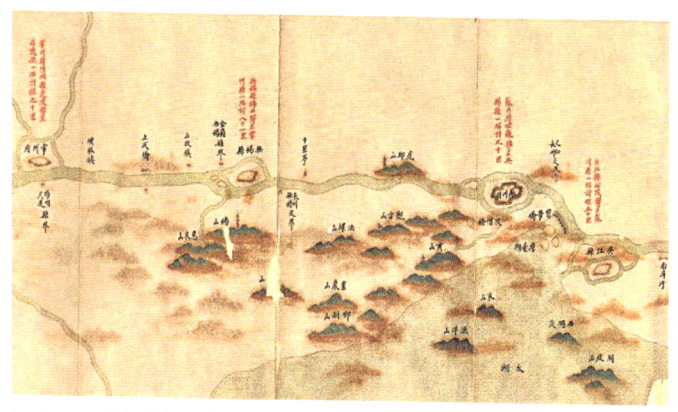

图3-16 运河局部示意图

图 3-17　金砖的包装材料

图 3-18　金砖装船

金砖包装完毕以后就可以装船起航了。金砖的装船也极为考究（图3-18）。先要编队，前首"官船"坐着押运官员，后面货船按顺序排好，每船插皇家龙旗，兵卒守护。择日放炮开船，浩浩荡荡，驶入大运河北上，情景甚是壮观。

所谓的"官船"，通常情况下指的是江南的漕运粮船。《江苏巡抚朱理奏折》中曾明确写道："前奉行准工部咨取坛庙等工备用二尺二寸金砖一千块，二尺金砖二千块，尺七金砖二千块，令由粮船搭运。"如遇工程紧急，就会另外雇用民船运输甚至是搭解商船，民船的船工一般由窑工中抽夫充当，商船一般不走运河选择海路进京。同治十二年（1873）《江苏巡抚张树声奏为造办补办金砖动支正耗羡银款折》（图3-19）中曾经记载了一段金砖沉海的故事。当时是夏初，非漕运季节，苏州府将105块二尺金砖搭解了"聚成顺"号商船，由苏州府候补同知朱风梯押送，船由长江口出海北上，谁知船行驶到宝山县所辖的海面时遇上了可怕的风浪，所载的金砖全部沉入海底，宝山县火速将事故禀报到了江苏巡抚衙门，巡抚张树声饬令苏州布政使对事故展开调查，结果是"事出不测"，实属天灾，于是当年九月初十，张树声（1824—1884）以"造办补办商船沉失金砖动支正耗银两"为由，向同治皇帝上了奏折，曰："在洋遭风沉失，事出不测，已据该地方官会营查勘属实，照例免罪不赔。惟金砖系奉文饬造，未便短缺，自应照数烧造补解。所需料工银两应请免令解员赔

图3-19 《江苏巡抚张树声奏为造办补办金砖动支正耗奏银款折》

缴，另由司库筹款造解……"按照惯例，金砖在运输的过程中如果出现意外，是要追究押运官员甚至是巡抚、布政使相关责任的，但这是天灾非人为，于是就参照漕运粮船"事出不测而有损失者，所在官司免罪不赔"的旧例，免赔免处罚了。同治皇帝在奏折上朱批"该部知道"后，工部和户部也就同意重支银两烧造金砖了。另外，据史料记载，运输金砖的船中还有一种是以南方特产杉木为骨料，柞木作为夹杆，并以白藤皮捆绑而成的木筏，筏上插皇家龙旗。无论是民船，还是木筏，实际上由于朝廷一次金砖派造动辄上万块，加上苏州至北京路程遥远、金砖成造艰难，他们基本上都是专船专用，船上都插有皇家龙旗，这也就是变相的"官船"了。漕船和客船虽有义务，但在实际操作金砖运输的时候往往会因时间错过无法成行。诚如江苏巡抚王师（1690—1751）在奏折中所说："因去冬江

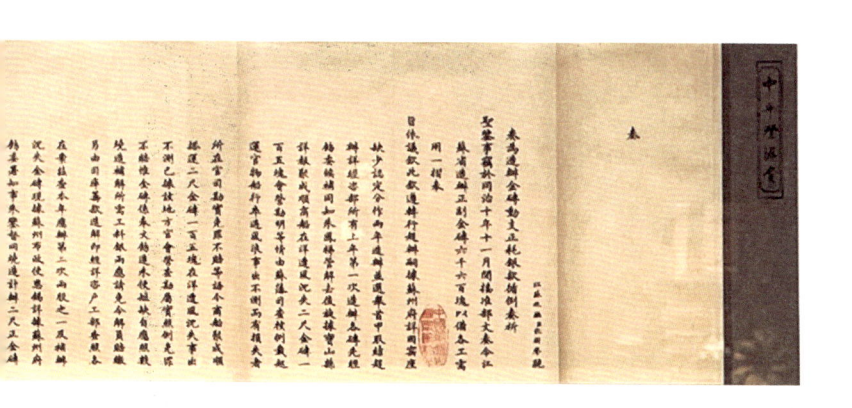

南粮船开行比常年较早，金砖拘于火候。正月中始得出窑，敲选包捆限于时事难以克副往例仍于粮船搭解，必须另雇民船装送。"（图3-20）

下面我们来看看所谓"官船"带运金砖的数量。据《古今图书集成·经济汇编·考工典》记载：天顺年间令粮船每只带城砖四十个，民船照依梁头每尺六个；永乐三年（1405）每百料船带砖二十个，沙砖三十个；《明会典》弘治八年（1495）题准：带砖船只除荐新进鲜黄船外，其余一应官民马快粮运等船，俱照例给票，着令顺带交割，按季将收运过数目，报部查勘，仍行沿河郎中等官，但遇船只逐一盘验，如有倚托势豪及奸诈之徒不行顺带者，拿送究问，回船查无砖票者，拘留送问；嘉靖三年（1524）定粮船每只带砖九十六个，民船每只十个。

崇祯二年（1629），浙江吴兴人茅元仪（1594—

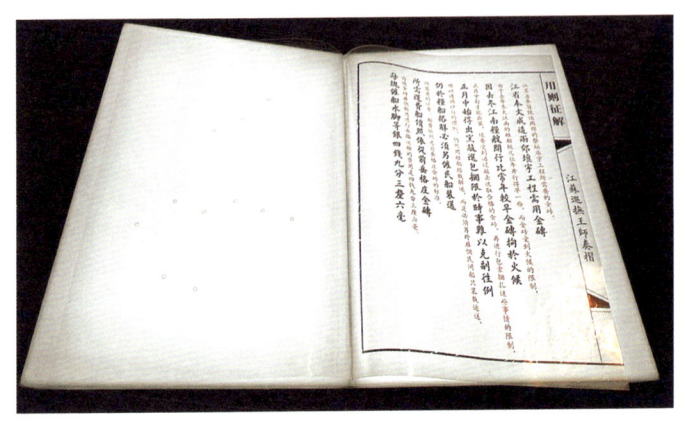

图 3-20　江苏巡抚王师奏折

1640）在信件《与京师当事者四》中曾这样写道："此砖成造自官，使民解进，又有水脚，似可无烦。无奈一属民解，需勒多方，驳退几于大半。一经驳退，非民间所可用，便成废物，而沿途脚价已付东流。且十驳其一，而明年再运，一之所费水脚，其雇船担日，仍与十等。故一金此役，每十年不得竣事，万金之家即为窭子。有司知其难以苦一人，则分派之，每一名而数人十人朋当。不知即分之数人十人，费似少损，而十数年不得安息，其家亦破。甚至今年追责更严，而无髓可敲，遂私自加派于阖邑……漕船临清带砖，既有常例，今将皇砖水脚之费尽以给旗军，如带运白粮而责成太仓卫所官加意督率，如有驳回，即付运官督，于运船带回，仍于后年补运……且交砖之时稍有破碎，是运卒之误，既得重赉，尚不小心，使其赔补，亦不为过。而此砖既属军运，收者亦自难太为揞勒，更得责成巡视科道不得恣意苛碎，则军运可行而此弊立除矣。"这段希图改变金砖解运方式的描述信息量巨大。首先，他所认为的"军运"本质上还是专船运输。他说了很多民船运输的弊病，恰恰从侧面反映了金砖的解运至少是在明代后期大多没有走粮船，而是由民船完成的。其次，民户自解，如果"水脚"安排稍有不妥，就会使得万金之家转为贫窭之户，如果官方分派众户朋当，则数户数十户要遭受无端掠夺。陆墓的窑户从金砖烧造到起解，始终是直接的责任人，任何过程都容不得半点疏忽、闪失，否则会面临严厉的处罚。窑户家中的老小也全程跟着担心受罪，既怕金砖质量不过关，又担心随船而去的家人往返途中是否一帆风顺，毕竟往返几近一年，"昼夜不绝起集，军夫接递……凌冒风雨，送往迎来，艰苦万状"（明代余继登《典故纪闻》卷十四），因此他们三两天就要去河边遥望，陆墓御窑村至今仍然保留有一座"望郎君桥"（图3-21）。

图3-21 砖雕"望郎君桥"

"水脚"就是水路运物的费用,那么金砖的运费到底几何呢?《大明会典》卷一百九十《工部·物料》云:"又令苏州细料方砖,若是雇船差官押运到工,雇费于本府诣解年例军器鱼课银内支用。"康熙年间,工部明令金砖一律搭民船运送至京城,除非是紧急工程,否则不再支付金砖运费。康熙二十五年(1686)还真有过一次紧急工程,工部为此破例支付每块金砖"水脚银"三钱七分,"车脚银"一钱九分二厘四毫,"上岸雇夫赁房垫杠银"一钱一分八厘四毫,"押砖夫银"五厘二毫四丝四忽五微,共计银两六钱八分六厘四丝四忽五微。由于金砖通过粮船搭解有劳务支出,雍正十一年(1733),工部同意支付每块金砖"运脚银"一分六厘。乾隆十一年(1746),折算出二尺和二尺二寸金砖的"运脚银"分别为二分二厘一毫四丝四忽和二分六厘六毫。乾隆二十四年(1759),造办金砖的"运脚银"按照康熙二十五年(1686)雇用的民船的成例,每块给上岸雇夫赁房垫杠压砖银一钱二分三厘六毫四丝四忽四微,并特别说明原"系粮船搭解,并无运价"。以上清代材料均见于《钦定大清会典则例》。另外,据《钦定大清会典事例》和《钦定工部续增则例》记载:凡金砖运输,原系搭解粮船,并无运价,如遇工程紧急,雇觅民船,自苏省运至通州,运送见方二尺金砖,每块运价银三钱七分,自通州运送至京,见方二尺金砖,每块运价银一钱三分九厘五毫三丝四忽。如自通州运送至圆明园，计程七十里，照通州运京例计程核给，如遇砖块长宽尺寸不同，将长宽折定见方尺寸，照各本条科则折算。金砖的运输费用，按照水路和陆路两段路程分别进行了核算。事实上，通过乾隆年间众多大臣的奏折，我们发现每块金砖给发上岸雇夫赁房垫杠押砖夫银始终维持在一钱二分三厘左右。如乾隆十五年（1750）的《两江总督黄廷桂为照例动支银两办运圆明园寿皇殿等处金砖事奏折》说每块金砖向例给发上岸雇夫赁房垫杠银一钱一分八厘四毫，押砖夫银五厘二毫四丝四忽五微，合计就是一钱二分三厘六毫四丝四忽五微；乾隆三十一年（1766）《江苏巡抚明德为办解坛庙宫殿及宝泉抱源二局需用上岸雇夫赁房垫杠押砖夫动用耗羡银两事宜奏折》中价格仍是一钱二分三厘六毫四丝四忽五微；从乾隆三十五（1770）《署理江苏巡抚萨德为办解内廷并坛庙等工金砖需用水脚动用耗羡银两事奏折》到乾隆五十八年（1793）《江苏巡抚闵鹗元为办解金砖需用水脚动用耗羡银两事奏折》，期间23年，每块金砖上岸雇夫赁房垫杠押砖夫银维持在一钱二分三厘，而且皆是稳定在耗羡银内动支的了。这一情况可以说直到清末基本未变。

金砖起解，一般会直抵河北通州张家湾砖厂，工部派员验收后存储备用。《大明会典》卷一百九十《工部·物料》云："凡砖厂委宜，张家湾、临清二处，工部各委差主事一员，提督收放砖料。"如今的方砖厂胡同就是因此而得

图 3-22 方砖厂胡同　　图 3-23 金砖的存储

名（图 3-22），2022 年入选首都功能核心区传统地名保护名录（街巷胡同类第一批）。起解前经过一轮挑选的金砖，在运解过程中可能会受损，因此储存前还要检查其质地外观是否坚厚、棱角是否完好，副砖是否"纯全堪用"，如果有缺边、缺角，验收人员需详细记录好坏地方的尺寸，并"呈明核办"。工作的细致足以说明朝廷对金砖是倍加珍视的。存储也有着严格的要求，《明清档案：乾隆十七年十一月十日大学士兼理工部史贻直题本》中说："非比临砖可以高堆，只可逐块单立排放。"（图 3-23）乾隆五十九年（1794）《定亲王绵恩等为遵旨查明各处所用金砖数目事奏折》中有这样一段："其各工换下现存破坏者，虽不堪他用，足可以抵钱局翻砂托模之用。并请嗣后各处工程需用金砖，其换下旧料，于工竣时，务须详细查明，将砖块数目残缺大小情形，逐一造册，于奏销折内声明，知照工部查核。其京中坛庙各工程销后，即将旧砖送交工部存贮。内庭各工换下旧砖，交营造司存贮。两陵各处道路较远，未便送京，徒滋运费，应即令每年派往两陵查勘岁修工程之工部侍郎查验明确后，具折奏明。一面造册送部存查，一面即交明石门工部、易州工部两处存贮，抵作方条等砖，俱令其就近选用。如实无堪以选用之砖，再行声明，知照通永道于厂内发给，以节虚縻而杜冒滥。至现在厂存及江苏省新造之砖到齐后，随时取用。俟用竣时，再行烧造，亦毋庸拘定年分。总须查明实在需用数目尺寸，奏明办理，以归核实……"一场金砖风波让领用金砖和处理旧砖在乾隆五十九年（1794）做了规范声明，前文已谈及，兹不赘述。

第四章　御窑金砖的用途

被称为"钦工物料"的金砖是皇家建筑的专属品，主要用于紫禁城、坛庙陵寝、苑囿主殿等皇家建筑之中。皇家对于金砖的使用有着严格的规定，《明会典》和清宫档案中都显示出，即使高级官员或者皇亲国戚家都不能使用金砖。当然到了清末，随着王朝的衰败，也出现了一些金砖越规的情况，比如慈禧太后的定东陵、摄政王载沣的王府。说到定东陵，因为该陵寝在规模、用材、装饰、陪葬品等方面是极尽奢侈，所以在民国年间还被军阀孙殿英的部队盗挖过，专横跋扈的慈禧太后可能做梦都不会想到后面发生的一切。当初她和慈安太后的陵寝于同治十二年（1873）同时开工建设，到光绪五年（1879）两座陵寝同时竣工。慈安太后为咸丰皇帝发妻，因此陵寝耗银略大于她的陵寝，于是她极为不满，下令将定东陵拆毁重建。重建的慈禧陵耗时十三年，于光绪三十四（1908）十月竣工。光绪三十二年（1906）康

图 4-1 摄政王府西花厅

熙皇帝的景陵隆恩殿修缮，准备把原有的二尺金砖换成二尺二寸金砖，慈禧提出她的陵寝要用二尺四寸金砖，工部以"前无此例，工艺殊难，地方难以成造"为理由予以否决，于是慈禧把用于康熙陵的二尺二寸金砖拿来铺设自己的地宫。清代帝王陵寝使用的金砖，自乾隆陵寝用二尺二寸后，后代帝王沿袭此例，皇后陵寝则使用二尺金砖，慈禧陵墓当然也不能例外，这是明显的越规行为。摄政王府（图4-1）是载沣的府邸，他是清朝末代皇帝溥仪（宣统）的父亲，因其身份特殊，于1909年将中海西岸集灵囿地区拨给其修建摄政王府，规制同旧醇王府，但是王府地面允许铺墁金砖。宣统元年（1909）《民政部为承修摄政王府第工程需用金砖等项致电传部咨文》，皇亲国戚家使用金砖仅此一例，这是皇帝的特别恩典。

随着清王朝的衰败和灭亡，一些原来存放的旧砖或者残次金砖开始进入商贾或官宦大家，因为只是少量购入，只能当作"风雅玩物"展示在茶桌几座之上。

金砖的用途除了以上论及之处外，太学金匮如国子监、皇史宬部分建筑也用金砖铺墁。建于乾隆朝的国子监中心建筑辟雍殿作为皇帝"临雍讲学"的重要场所，是中国现存的古代皇家"学堂"。据《国子监志》卷五十四记载："其铺墁地面，二尺金砖二千五百八十七块，现在工部存贮仅止五百余块，不敷应用，行文江苏巡抚烧造，于明岁秋前克期运送到。"皇史宬是皇家的档案馆，主要存放圣训、玉牒等皇家史册，属皇家要地，也是用了金砖墁地。乾隆五十九年（1794）《定亲王绵恩等为遵旨查明各处所用金砖数目事奏折》中说："又，四十九等年东陵岁修工程及先农坛、文庙月台、皇史宬地面等工，共领用金砖六十五块。"金砖还有很好的防潮效果，用于皇史宬这样的地方十分必要。

金砖还有一个特殊的用途，那就是用作铸钱局造币时用的翻砂托模，仅限于京城两大铸钱局——宝泉局和宝源局。铸钱局所用金砖数量不多，且可以用稍有缺损者。

第一节 宫苑殿宇

因为金砖来之不易，所以大多是用作正殿的铺墁，如明代万历二十四年（1596）所建的乾清宫、坤宁宫。入清后，宫苑殿宇更加普遍使用金砖墁地，如顺治十二年（1655）建造的乾清宫、景仁宫、承乾宫、永寿宫四大宫殿。《钦定大清会典则例》卷一百二十八曰："苏州窑烧造金砖，顺治十二年修造乾清宫等宫，需用二尺、一尺七寸铺地金砖，部委官至苏州会同巡抚估计，交地方官动支本省解部正杂改折等银造办。"之后使用金砖的宫苑殿宇就更多了，如养心殿、奉先殿、敬胜斋、静怡轩、宁寿宫、太极殿、体元殿、长春宫、圆明园、寿皇殿、仪鸾殿（图 4-2）、福昌殿、九洲清晏、太和门、景运门、隆宗门等，都是用金砖铺墁。《清稗类钞》"宫苑类"中记载太和、中和、保和三大殿，"殿以金砖铺地，已数百年，从未启动，色黑，髹以漆而滑"。于倬云曾经在《紫禁城宫殿总说》中说"紫禁城主要宫殿的室内都是金砖墁地"。紫禁城（图4-3）作为明清皇帝生活居住和处理朝政的地方，可以说是明清最高等级的官式建筑，那么金砖无疑也是最高等级的铺地。

紫禁城相传是苏州人蒯祥以及他带领的香山帮匠人集体营造的，自1406年开始营建，选用南京建造宫殿时的优质建筑材料，不远千里顺运河而上，终于1420年建成宫殿与坛庙。当时三大殿的名称是奉天殿、华盖殿、谨身

图 4-2 仪鸾殿正面（转引自 1901 年在东京出版的《北清事变写真帖》）

图 4-3 紫禁城

图 4-4　保和殿

殿，大朝正殿以"奉天"命名，"承运"之意不言而喻，这是天授皇权的象征。明代嘉靖朝三大殿改名为皇极殿、中极殿、建极殿。1644年清兵入关，出乎意料地悉从明制，金銮殿兼许"太和"之愿，"太"是比"大"更大的大，天地间最大的调和、和谐之地就在这里，于是三大殿也摇身变成了太和殿、中和殿、保和殿（图4-4）。清代太和殿经历过两次重建，第一次重建是顺治二年（1645），第二次重建是康熙三十四年（1695）。当时工部请旨："现今太和殿兴工事关紧要，应令郎中江藻兼管司事。"江藻作为工部营缮司郎中被委以重任，他在《太和殿纪事》

中说:"拆刨柱顶、码磉墩、栏土、台基,随石背后填厢、背底,旧泥土渣,深五尺,并地面金砖,共刨旧城砖二十四万五千四百二十三个。"重打地基必然会重新铺墁金砖,经重建后的太和殿留存至今。太和殿是举行国家典礼的场所,它和中和殿、保和殿紧接相连,一般都称为金銮宝殿。每逢太和殿举行大朝会之前,皇帝都会先到中和殿接受高级官员的行礼。出宫祭祖、祭孔、籍田等活动之前皇帝也会在此审阅祝版祭文,可以说中和殿是各种朝典活动的后台或者预备空间。保和殿这里多按节令、寿辰等赐宴藩王、亲王以及文武大臣等。乾隆五十五年(1790),科举考试由太和殿改在了保和殿举行。太和殿周围的台基和中和殿、保和殿周围的台基书写出了天下间最大的"土"字,王土居中,三大殿在同一轴线上依次排列成为故宫的建筑中心,而御窑金砖五行属性又为土,中中之中,没有比这再能宣示皇家威严和皇权神圣的了。苏州"香山帮"和御窑金砖都是吴文化的产物,从民间走向了宫廷、走向了全国和全世界。中华人民共和国成立后故宫博物院制定了"着重保养、重点修缮、全面规划、逐步实施"的方针,经修缮,不仅恢复了大殿内金碧辉煌的面貌,也将8000平方米坎坷不平的地面修整得平坦整洁,殿内的金砖墁地更是光平如镜。

此外,乾清宫、养心殿等主要皇家宫殿也是金砖墁地的重要场所。乾隆四年(1739)六月,《总管内务府大臣海望为乾清宫铺墁金砖需用钱粮物料事奏折》载："臣派员详细踏勘得，乾清宫殿内明三间，铺墁见方二尺二寸金砖六百七十六块。估计得需用物料工价银三百二两一分九厘。行取黄蜡一百二十六斤十二两、江米一石一升四合、黑炭二千二十八斤……"乾隆四年八月，《总管内务府大臣海望为养心殿铺墁金砖需用钱粮物料事奏折》载："臣海望谨奏，为养心殿铺墁金砖需用钱粮物料事。臣派员踏勘得，养心殿前后殿及穿堂共用金砖一千二十块。详细估计得需用物料工价银四百三十二两二分一厘，每块砖用黄蜡三两、用黑炭一斤十四两，共行取黄蜡一百九十一斤四两、黑炭一千九百一十二斤、江米一石二斗七升、木柴一千二百斤……"

除了室内使用金砖铺墁外，紫禁城也有要门之地使用金砖，如太和门，如乾隆五十九年（1794）六月金砖事件中提到的景运门、隆宗门等。内廷园囿也是皇家生活、游赏的专属领地，因此主要的宫殿也会使用金砖墁地，如《两江总督黄廷桂为照例动支银两办运圆明园寿皇殿等处金砖事奏折》中提到"今又起解内庭工程、圆明园、寿皇殿等项金砖，共有八千四百七十六块，又备带副砖八百四十七块六分，合共正副金砖一万四百二十三块六分"等。

第二节　陵寝坛庙

金砖的使用不仅用于宫苑，也用于陵寝。中国古人基于人死灵魂不灭、崇拜天地与先祖的观念，普遍重视丧葬，表现为"事死如事生"之礼，因此皇家的陵寝是特别讲究的，一般于享殿、配殿、甬道、明楼、宝城等处铺墁金砖。明代主要是明成祖永乐皇帝的长陵和明神宗万历皇帝的定陵。长陵金砖实测尺寸为61.5厘米见方，接近二尺见方，至于何时铺设迄今查无史料。中国社科院考古研究所在1957年发掘了定陵，发现它的前殿、中殿及左右配殿的棺床平面铺砌的都是金砖，实测尺寸在67厘米见方左右，接近于二尺二寸见方规格，成为明代陆墓御窑烧造过二尺二寸金砖的一个重要实物证据，但也是缺乏确凿文献记载的。清代已知金砖墁地的陵寝有清圣祖康熙皇帝的景陵、清世宗雍正皇帝的泰陵、清高宗乾隆皇帝的裕陵、清仁宗嘉庆皇帝的昌陵、清穆宗同治皇帝的惠陵、定东陵（慈安普祥裕万年吉地和慈禧菩陀峪万年吉地），这些都是有文献可查的。如《惠陵工程承修大臣咨文》中提道："本大臣恭修惠陵明楼方城龙沟水口工程……查此次工程按照新章核实估计，所需各项工料均归厂商包办，惟金砖一项向归官办，市面无从购买……开工在即，需用二尺二寸金砖十块。恳请早日给发，等因相应出具印领，咨请贵部查照转饬金砖厂，照数给发……"

金砖也有用于亲王和公主陵寝的，这应该是特例，迄今已知的也就两例，即怀亲王陵寝、端顺固伦公主陵寝的主要建筑墁地部分。据《钦定大清会典事例》卷八百七十六记载，怀亲王陵寝使用二尺金砖（图 4–5）。怀亲王，名福惠，是雍正皇帝的第八子，生于康熙六十年（1721）十月初九，他的外祖为湖广巡抚年遐龄（？—1727），母亲是敦肃皇贵妃年氏，因母亲早逝备受雍正宠爱，却于 8 岁夭折。乾隆皇帝曾说：“朕兄大阿哥，乃皇妣孝敬皇后所生；朕弟八阿哥，素为皇考所钟爱，当日曾以亲王殡葬，今朕眷念手足之谊，俱封亲王。”（《清高宗实录》卷六）追封怀亲王后，葬于西陵太平峪境内的王各庄。端顺固伦公主（1825—1835），道光帝第三女，母为孝全皇后钮祜禄氏（时为全妃），从小深得父母宠爱，去世后追封为端顺固伦公主，葬于西陵陈家门园寝。据《钦派承修端顺固伦公主园寝工程处咨文》附件《为查验所用金砖等物料按例核销折》中记载：“准承修端顺固伦公主园寝工程大臣咨称，该工具奏修竣端顺固伦公主园寝石池、月台、享堂

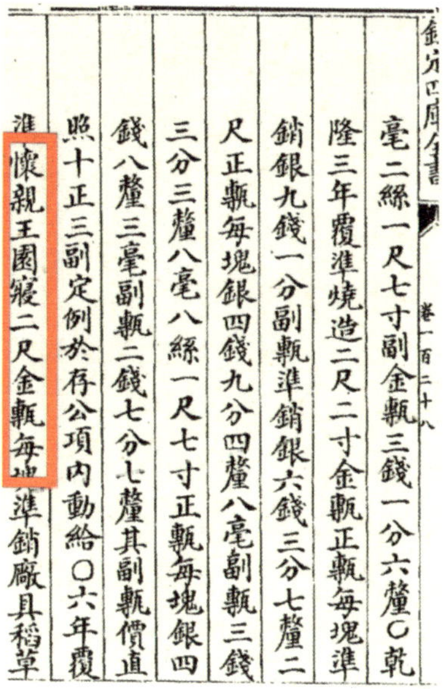
欽定四庫全書 卷一百二十八
毫二絲一尺七寸副金甎三錢一分六釐〇乾
隆三年覆準燒造二尺二寸金甎正甎每塊準
銷銀九錢一分副甎準銷銀六錢三分七釐二
尺正甎每塊銀四錢九分四釐八毫副甎三錢
三分三釐八毫八絲一尺七寸正甎每塊銀四
錢八釐三毫副甎二錢七分七釐其副甎價直
照十正三副定例於存公項內動給〇六年覆
準懷親王園寢二尺金甎每塊準銷廠具稻草

图 4–5 《四库全书》中怀亲王园寝相关书影

大门及甬路、海墁、泊岸、踏跺、角门各座油饰裱糊等工，俱已如式修竣，请交总理工程处据实查收……除行取各项物料暨领用万年厂架木及余剩残缺金砖，并总理工木厂旧料木植，易州工部所存临清砖等项抵除银两外……"

金砖还用于帝王祭祀天地日月以及祖先众神的场所。自明初至清朝前期，一般都用琉璃砖铺墁。据《大清会典》卷一百三十一记载：朝日坛"坛面砖，青色琉璃"，夕月坛"坛面砖，白色琉璃"。自乾隆朝开始，改墁金砖。据《清高宗实录》《皇朝文献通考》《大清会典》《钦定大清会典事例》等文献记载，改墁金砖的有天坛祈年殿（图4-6）、日坛、月坛、祈谷坛、先农坛的观耕台和采桑台、先蚕坛、太庙等。如《钦定大清会典事例》卷一百二十六记载：（祈谷坛）"大享殿外三层坛面，从前屡经修补，砖色不一，请改用金砖墁砌。"一些奏折中也可以见到皇家坛庙殿宇和台面使用金砖的记录，如乾隆十六年（1751）《江苏巡抚王师为办运祈谷坛大享殿金砖动支耗银两事奏折》中记载："江省奉文烧造祈谷坛、大享殿三层台面取用金砖二万六百三块。"乾隆二十三年（1758）《调任广东巡抚托恩多为饬令委员起解夕月坛台面金砖动用耗羡银两事奏折》中记载："江省奉文办造夕月坛台面需用尺七金砖二千块。"

御窑金砖

图 4-6 天坛

第三节 铸币托模与桌砖

金砖不仅可以铺地,还可用于清朝中央铸币局翻砂托模。翻砂铸造技术,始于春秋,而用于铸钱则兴于北宋。关于"母钱翻砂"技术,最早的史料见于明代宋应星所著的《天工开物》一书,在《冶铸》篇中详述了母钱翻砂铸币的工艺(图4-7)。母钱是翻砂铸币的钱模,可以用来翻铸子钱,即流通用的钱币,而母钱一般都由雕母直接翻砂而成。那什么是雕母呢?雕母是以锡、铜、铅、牙、木等材料把进呈给皇帝经其审核通过后的钱样手工雕刻出来的阳文铸币模具,是母钱翻砂最原始的样钱,也称祖钱、雕母祖钱。用雕母翻铸母钱的流程如下:第一步:制作范型——用四根木条(木条长一尺二寸,宽一寸二分)做空框,空框内用土砖末和炭灰等制成面细砂料。先用砂料填实第一框备用。在砂型模面上涂上特制的分型涂料(木炭灰、松香油等),增强模面的附着力和渗透力,以便雕母与范型分离。第二步:雕母印范。将百余雕母钱,按钱面和钱背合理布局,摆放在第一框模面上。将第二框整齐叠放在第一框上,填砂夯实,与第一框合盖,随手翻转,雕母落在第二框模面上,取走制好的第一框。再将第三框整齐叠放在第二框上,填砂夯实,与第二框合盖,随手翻转,雕母落在第三框的模面上,取走第二框。如此翻转十余框。第三步:取出雕母,在面范和背范上开出浇口、直浇道和分浇道。第四步:依次将制作好的面范和背范合箱,

图 4-7 铸钱

用绳捆定。第五步：铸工从熔炉中取出溶铜罐，逐箱进行浇铸熔好的铜水。第六步：冷却后，开箱取出铸好的母钱，进行打磨整理。这是用木框做雕母翻铸母钱的流程，比较轻巧适宜操作。相对来说，"金砖托沙翻印钱模"就比较贵重，也不易翻转。用金砖铸币翻砂托模仅限于户部钱法堂管辖的宝泉局和工部钱法堂管辖的宝源局。乾隆五十九年（1794）《定亲王绵恩等为遵旨查明各处所用金砖数目事奏折》明确指出："宝泉宝源二局，历年共用金砖八百三十一块，向系各炉作为翻砂托模之用。"

也许是由于金砖"钦工物料"的特殊身份，又是来自风雅之地苏州，金砖成了文人练字的载体。据清代的笔记小说记载：乾隆皇帝南巡时，曾在苏州听到过文徵明在金砖上练字的故事，于是也想亲自体验一下。大臣尹继善（1696—1771）立马从陆墓御窑村取来了明代万历年间留窑的一块样品金砖，乾隆皇帝在砖上一番笔走龙蛇后，感觉颇似在宣纸上写字，还能省去研磨、纸张，反复练习，不花一文钱，于是传旨带回百块供皇子们习字。乾隆皇帝还赏给了尹继善一块金砖，据说他的第六子、文言小说集《萤窗异草》的作者庆兰（1736—1790）继承了这块金砖并在上面练过字。当然这只是一个传说，并无史料可以考证。

随着清王朝的没落，纲纪松弛，原来不允许流入皇家范围外的金砖，也偶有散出流落到了民间，文人士绅商贾人家往往把所得到的金砖，放上小桌的台面，或搁置茶盏，或置放花盆，或承托棋盘（图4-8），孩子们习字也会以毛笔蘸水在上面书写。如今在民间的金砖存量尚有不少，大都是以这样的形式被保存下来的。清末朴学大师俞樾在他的读书札记《九九消夏录》卷十三"京砖"条这样说："余在吴下，有以京砖赠者，云是制备上用，此因有微疵，故不堪进御也。余镶成一小桌，置曲园中，然质甚粗，殊不见佳。"如今苏州园林中常常能看到置于小桌之上的金砖，已经成为一种用来雅赏的清供之物了。它们如同一块不落俗套的墨玉，静静地向南来北往的游客们诉说着曾经的辉煌……

图 4-8 承托棋盘的金砖

第五章　御窑金砖的制作工艺

御窑金砖以其细腻美观、光润耐磨、不滑不涩，能抗千万人踩踏，能阻潮气上升的特性，明清以来成为历代帝王的专用产品。金砖既然隶属"钦工物料"，其生产使用自是非同小可，从需求审批到任务派发、生产监督、验收使用等，每个环节都有十分严格的流程。

《大明会典》云："凡遇营建宫殿，内官监开数，工部题行应天、苏松抚按官均派，应天、池、太、苏、松、常、镇各委佐贰官于苏州府地方立窑募夫，选拔长洲县谙练匠作，团造完日，即委管造官解部。"显然，明代金砖烧造是由内官监开具数额，由工部题行下达烧造任务给南直隶，应天巡抚和巡按再分配给辖境内的应天、池州、太平、苏州、松江、常州和镇江七府，七府各自委任副职官员前往苏州府立窑募夫，选拔长洲县熟谙技艺的窑匠，烧造完毕后，就由负责管理烧造的官员解送工部。"佐贰官"是辅佐工部派出的专行督烧金砖的官员。事实上，工部停止派遣官员督烧的情况很少见，《大明会典》载，弘治八年（1495）奏准："停止烧造官员，敕河南、山东、南北直隶巡抚官委布、按二司分巡分守及府州县官提督管理烧造。"嘉靖五年（1526）则又题准："差部属二员，一往南直隶各府于苏州有窑处所烧造方砖。"清人笔记小说《坚瓠集》中"黑鸬鹚"条记载了一个有趣的故事："《秋水涉笔》：工部主事某奉差来苏烧砖，某内阁嘱求沈石田画。主事到苏，即出票拘之，石田到署，主事出红纸一张索画。石田盘膝坐地，磨浓墨，扯纸一半，团作一球，于砚上蘸墨，印下墨团三四，用笔勾作黑鸬鹚，题云：'青天一个大霹雳，千山万山无鸟迹。鸬鹚飞入破窑中，一身毛羽变成黑。'写毕遂拂袖而去。"沈石田，即沈周（1427—1509）。由此可知，工部主事某要早于张问之来苏州督烧金砖。

在清代，金砖烧造仍由工部营缮清吏司负责。《钦定大清会典》卷一百二十八载："顺治十二年（1655），修造乾清宫等宫，需用二尺、一尺七寸铺地金砖，部委官至苏州，会同巡抚估计，交地方官动支本省（江宁省）解部正杂改折等银造办。"显然，金砖烧造还是由工部差官前往苏州，会同巡抚进行预算，然后交派地方官动支本省财政收入进行金砖生产。"正杂改折"包括正项钱粮（含地亩税、丁口税）、杂项钱粮（含茶税、盐税、酒税、矿税、关税等）和漕粮（指南方各省征收的米、麦、豆等粮食）等财政收入。在乾隆十六年（1751）四月二十四日的《江

图 5-1　道光二年江苏巡抚魏元煜奏折

苏巡抚王师为办运祈谷坛大享殿金砖动支耗银两事奏折》中云："窃照江苏省烧造金砖，例备三分，以供挑选。所需料工银两，应于上下两江司库耗羡银内支给。前于章程案内列入无定公费项下造报户部，遇有动用，随时奏明办理在案。今据苏州布政使永宁详称：江省奉文烧造祈谷坛、大享殿三层台面取用金砖二万六百三块，正砖料工厂具包索等银，一万一千五百五十二两七钱零，遵照向例动支上下两江正项给办外，所有备选加三副砖，六千一百八十块九分，估需工价并解京十正一副金砖二千六十块三分，应用包索等银及正副金砖该支运脚等项，共银四千二十八两九钱零，应于上下江司库耗羡银内动支办理……""耗羡银"指的是征收赋税、缴纳钱粮时对合理损耗的补贴部分。由此可知，金砖正副砖烧造费用支出在清代是分开管理的（图5-1）。嘉庆十八年（1813）《江苏巡抚朱理为办解坛庙工程金砖动用耗羡银两事奏折》载：苏州府知府周有

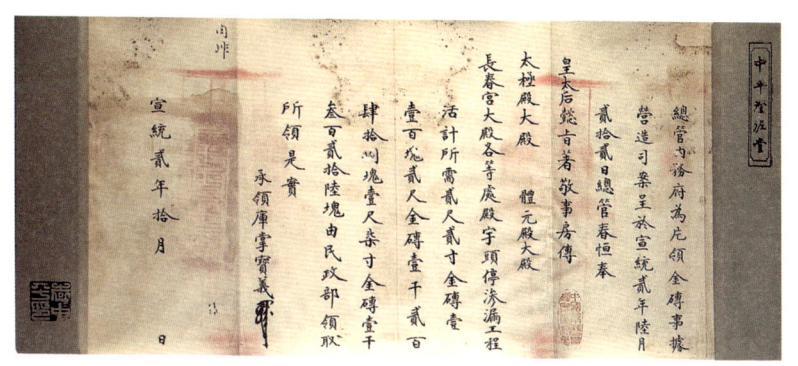

图 5-2　宣统二年内务府出具的印领

声、委员苏州府照磨熊祖源督办金砖事宜。显然，金砖烧造在清代是由苏州府知府及照磨或知事负责具体督办的。前文第二章中提到的俞樾的《金砖歌》下就有题注："余婿许子原知苏州府，奉檄督办京砖，为此歌诒之。"子原是许祐身（1848—1912）的字，他出身于杭州名门望族，于1863年娶了俞樾次女俞绣孙。同治十三年（1874）中举，于光绪二十九年（1903）任苏州知府。他所督造的金砖至今尚有遗存，边款四条："光绪三十年成造细料二尺见方金砖""督造官江南苏州知府许祐身""监造官苏州府知事戴尔恒照磨姚定兴""大五甲陈善兴"。光绪三十二年（1906），因部制改革成立了民政部，之后金砖生产管理就改由民政部负责了，直至宣统末年（图5-2）。历史上最后督造金砖的是时任苏州知府的何刚德（？—1934），他在《话梦集》卷上的《郡斋忆旧》组诗中有一首云："金砖备贡库储颁，宫庙需材岂等闲。匠作初成惊国变，可堪流落到人间。"自注："金砖为苏州贡物，凡坛庙、宫殿工程需用者，向由苏州府领款，督同府、知事监造，镌衔名于侧面。分大、中、小三等，宽方五尺，厚五寸，以次递降。因苏州土润工细，迥异寻常陶埴也。遇传办时，贡余或取以学书，或架作方几，民间殊不易得。庚戌年正值传办，工初竣，未及贡而国变作，不知如何散落。近日，苏、沪园林触目皆是，见之怆然。"

金砖烧造，除了官员监督外，有的时候皇帝还会亲自过问，整个生产管理稍有不慎，就会导致金砖质量有瑕疵，便会招来皇帝的严厉批评。据乾隆三十七年（1772）《江苏巡抚萨载为佑办宁寿宫金砖分两年搭解事奏折》记载：位于长春园的淳化轩内的金砖就是因为粗糙了点就遭到了乾隆皇帝的批评，要求宁寿宫金砖务必坚实细致，不容稍有草率。

总之，明清御窑金砖是"给帑制造，用则征解"。烧造金砖，对于历次的督造官来说，要不停来往于衙署和窑所之间，要掌握御窑金砖的制作流程和成造标准；对于窑户来说，金砖具体的烧造是极为复杂的，他们靠着世代承袭有了一套严格而完整的操作方法……清代大学者俞樾在读了张问之的《造砖图说》后，都不禁感慨道："按此知明代造砖，采炼烧造，如此不易，今其法未必尽传矣。"本文试图带领大家一窥御窑金砖制作工艺的究竟，或有叙述不当之处，尚请不吝指教为荷。

第一节　金砖的制作

俗话说"七转得土，六转成泥，五月晾坯，四月焙烧"。御窑金砖的制作需要经过29道工序，且每道工序极为讲究，工序之间又必须环环紧扣，一道不达，则前功尽弃。制作过程中，取土练泥大约需三个月，制坯晾坯大约需六到八个月，烧窑窨水大约需五个月，全部工序完成需要一年多时间。乾隆四年（1739）《江苏巡抚张渠奏为成造金砖维坚请开销副砖价值折》中称："取土必先捶晒舂磨，澄泥又必淘晾揉踏，造坯则徐为棚打，入窑则细火熏烧，故凡造砖一窑，必历两年之久。"此外，金砖的制作还必须顺应节令气候。光绪十八年（1892）《江苏巡抚奎俊奏为造办金砖动支正耗银款》说："烧造金砖向系春间取土，夏令成坯，俟其干透，入窑煨烧，已届冬令。若稍有不按时，必多破碎，难以选解。"下文将结合传承人烧制金砖的经验，对御窑金砖制作工艺做进一步梳理。

御窑金砖制作需要的主要工具及其用途如下：铁搭（取土）、挖泥铁锹（取土）、簸箕（取土）、筛子（练泥）、大月亮钎（练泥）、小月亮钎（练泥）、敲泥榔头（练泥）、木钎泥寸（练泥）、钢钎泥寸（练泥）、金砖模子（制坯）、铁线弓（制坯）、推棍（制坯）、碰板（阴干）、刮棍（制坯）、动卤剗（苏州话，勾的意思）子（烧窑）、笆斗（烧

图5-3 御窑金砖制作工具

窑燃料盛放)、水钎(窨水)、水桶(窨水)等(图5-3)。

一、七转得土

用黏土来做制砖的原料,已有几千年的历史。具体到化学组成,黏土主要成分有二氧化硅,其次是氧化铝,其高低决定泥土的黏性,再次是氧化铁,制砖者一般选取含铁量比较高的土壤作为原料。阳澄湖西陆墓镇一带的黄泥"黏而不散,粉而不沙",土质上乘,细腻坚硬,含胶体多,成浆容易。但选泥并非一道简单的工序,需要经过多次的开挖和挑选。苏州御窑金砖制作技艺第五代传承人金梅泉讲过,土中须含有黄、青两种色调,我们把这种土叫作金银土,也叫老黄泥,只有这样的土才适合做金砖。而冬春季是选泥的季节,选泥时要先打一探洞,让有经验的师傅通过看和摸,了解土层结构,鉴别土质黏性,经过师傅们肯定通过后的泥土才能采用。取土须掘取"干黄作金银色",须经过掘(取)、运、晒、椎(槌)、舂、磨、筛七道基本工序：

（1）掘（取）。选好泥土后，先挖去约一米的表土，因表层的土杂质多，黏性小，含有机物较多，是耕种土，故不取用。3米以下的土含沙质较多，黏性不够，颗粒粗，故也不取用。取1米以下到3米以上这一深度的中层黏性土，叫老黄泥（即纯黏土），最为适宜制作金砖（图5-4）。这一工序在当地称为"起泥"，挖出的优质黄泥，土质细腻，富有光泽，含有氧化铁成分，易于胶结，这种土壤就是"铁屑黄泥"。

图5-4 土层

（2）运。将选好挖出的原土运送至窑场堆放贮存。

（3）晒。将取来的土放置在露天，此为"去土性"，让土层下沉睡已久的泥，暴露在空气之中，历经风霜雨雪的侵蚀，温度与湿度的变化，使土壤团粒结构受破坏而分解，俗称"晒土"。经过"晒土"的泥土，颗粒细小，易于翻踏（图5-5）。

（4）椎（槌）。用棒槌敲打泥块，使泥块分散变小。

（5）舂。用碓把土块舂碎，形成松散的泥土。碓，舂米用具，用柱子架起一根木杠，杠的一端装一块圆形的石头，用脚连续踏另一端，石头就连续起落，去掉下面石臼中的糙米的皮。简单的碓只是一个石臼，用杵捣米。

（6）磨。用石磨研细泥土，让泥土更加细腻。

（7）筛。用筛子筛粗去杂，获得更细腻纯正的土。

黏土原土经过碓、舂、磨、筛几道工序后，便得到了细泥（图5-6）。

图 5-5　晒土

图 5-6　原土经碓舂磨筛后的成品

二、六转成泥

练泥是金砖制作的关键工序之一，也是其与普通砖瓦烧造的主要差别所在。要进行更多的反复细作，需要具有丰富经验的工匠把握，不然会直接影响到出窑后金砖的质量。因练泥的工艺比较繁复，所需时间可长达三个月左右，主要包括滤、晾、晞、勒、踏、揉六道基本工序：

（1）滤。在专设的水池（图5-7）中，将筛选好的泥倒入水池，和清水搅拌，使之变成泥浆状。再用目数不等的粗箩过滤，经过三次过滤后，彻底清除泥中的杂质等。这样的泥浆颗粒细腻、纯度高，能确保成砖后的细腻光洁。

图5-7 专设的水池

（2）晾。将过滤后的泥浆放在池中进行沉淀。

（3）晞。在地上摆放瓦片，把泥浆晒至半干（图5-8）。也可借助现代机器设备榨泥机（图5-9）将泥浆中的水分榨到合适程度，略去"晞"的步骤。事实上，"晞"操作起来效果会更佳。

以上三道工序，即为澄浆，所获得的泥即为"澄泥"（图5-10）。至清末，为了节省开支，晒过的土，不再

图5-8 "晞"工序　　图5-9 榨泥机

图5-10 澄浆泥

经过椎(槌)、舂、磨、筛、滤、晾、晞工序，直接进入练泥环节，我们把这种做法叫作"糙泥细作"，把这种金砖叫作"扦泥金砖"。

（4）勒。将晒至半干的澄泥堆成泥垛，用钎泥寸（图5-11）扦勒成泥片（图5-12）。

（5）踏。赤足在泥垛上反复踩踏。经过多次反复的扦泥踩踏，把泥土练透、练熟的同时，去除泥垛当中的气泡（图5-13）。

（6）揉。用双手反复摔揉加工，练成稠密如"绢光跌滑"般的泥料，如同糯米团子一样（图5-14）。

图 5-11 轩泥寸和未经过澄浆的糙泥 　　图 5-12 勒成的泥片

图 5-13 "踏"工序 　　图 5-14 "揉"工序

  金瑾说：制作一块金砖，需要揉二三十块泥团，很可能好多天一直在重复这个看似简单、机械的动作。"制作金砖最大的秘密，就是没有秘密，只能精细、反复、耐心"，"待到泥料练到半湿半干时，再进行无数次的翻、捣、摔、揉。这个过程，被称作'醒泥'，目的是要让泥中黏性和水分达到最融合、最滋润的程度"。因为经过沥浆的泥土，虽具有光滑细腻的特性，但泥土的黏性却下降了，在进窑焙烧时会出现酥或裂的现象，不能成功烧制金砖，这就需要数百次地踏、摔、揉等，锤炼出泥土的黏性，直至练成细密黏实、全无气孔的坯泥，才能适合制坯。

三、八个月成坯

制坯阴干的过程花力费时，十分繁复。须经过托、装、擦、碾、槌、翻、筑、遮、晾九道工序，可长达八个月时间。

（1）托。用托板木模承接练成的泥。

（2）装。将泥团装进制坯的模子里，俗称"掼砖坯"。装好泥团后需要两人在上面反复踩踏，直到踩实为止。模子（图5-15）是根据金砖的大小用木头制作的。据说清乾隆、嘉庆年间的金砖模子，是用上等硬木由小木作精工做成的，即平直又光滑，还能保障挤压坯料时或见湿见干使用中不变形。

（3）擦。用铁线弓勒去多余泥料后，用推泥棍推平推光表面（图5-16）。

（4）碾。用石轴来碾压泥坯，致其紧实（图5-17）。

图5-15 模子和铁线弓

图 5-16 "擦"工序　　　　　图 5-17 "碾"工序

以上四道工序为制坯，制坯之后，便是阴干了。

（5）槌。用碰板敲打泥坯的各个表面，使泥坯平整端正。

（6）翻。每天按天气温度湿度的变化，适时、及时地翻转泥坯。

（7）筑。苏州方言"筝"，即泥坯竖立阴干。

（8）遮。适时遮盖泥坯，防止风吹等过快蒸发水分导致变形。

（9）晾。适当地开窗，让砖坯慢慢地晾干。砖坯怕雨淋日晒，需要放在既通风，又密封好的房舍。在存放砖坯的室内，按南北方向逐块"人字形"竖直摆放（图5-18）。阴干过程中，需要技术纯熟的工匠通过不间断的观察而确定何时开窗，何时关门，隔一定时日按序上下翻转砖坯，以防止下面受力部分收缩慢而产生开裂。用碰板拍打砖坯

图 5-18 阴干

周身，修正砖坯的变形弯曲塌角高低等，防止入窑的砖坯形不正、有裂缝，以保证出窑成品质量。在砖坯半干时，还要在每块砖坯一侧模印（图 5-19），模印内容一般是生产的时间、规格的大小、监管人员的官职和姓名、窑户的姓名等。模印后的砖坯在翻转时要小心，不能损坏砖侧的铭文（图 5-20）。

"凡八月而始干"，这一被称作"阴干"的过程，约需八个月时间，待到砖坯表面坚硬发白，方能进窑烧制。泥坯在晾干的过程中还须充分配合时令的流转和气候的变化。御窑金砖第六代传承人金瑾说："泥坯差不多要在谷雨前后做好，在晾的时候，你一定要晾满八个月，一年空气中的水分变化是有规律的。从谷雨，气温慢慢开始升高，到大暑时达到最高，再慢慢变凉，秋分时秋高气爽，差不多晾好了。必须放在这个时期，必须经过这么长时间，这

御窑金砖

图 5-19 模印

图 5-20 边款铭文

样才可以晾干,而且必须在室内晾干。有些人心急,放在大太阳底下,也不行。这一阶段,护坯的工匠要时刻关注坯和当时的天气状况,就像呵护婴儿一样,什么时候翻转、拍打,包括门窗的开合程度把握,等等,都要无微不至。你的精力和砖的生命及天气状况完全融在一起,只有这样去做的时候,那才能把一块金砖做出来。"

四、五个月焙烧

砖坯装窑也很有讲究,砖的堆垛也是一项专门的技术,须由专人指导和有经验的窑工操作。《陆墓镇志》等文献记载:金砖的烧造需要历时五个多月,其中装窑这一道工序,就相当复杂:一块金砖重200斤左右,需两个人搬一块才行,装一窑需要三天。装窑时,每层砖块都需要按照一定的方法和讲究叠放在窑中央,摆放时砖与砖间隙要整齐、有序,以利于风道、火道的通畅,不留死角,目的在于让火焰能在窑内回流,使各排砖均匀受热(图5-21)。通常每个窑炉能装1100块金砖泥坯,以前为皇家烧造更为讲究,一般是不超过300块金砖坯的。为了防止窨水时水滴直接滴到金砖坯上产生白斑和惊纹,金砖坯顶部甚至是四周、隔缝中须用普通砖瓦坯挡护好。装窑的时候,常常借助卷扬机(一种滑轮,古代称为葫芦或者轳辘),这是一种通过窑顶做垂直起吊的装置(图5-22)。由于不做水平移动,往往由人工将砖抬至合适的位置。

装好窑后进窑口加封,留好火塘准备烧窑,即进入焙

图 5-21 装窑

图 5-22 卷扬机窑内垂直起吊砖块

烧工序（图 5-23）。此道工序最为关键，稍有出错，一窑砖就会废掉。烧窑时既要防止火势过激而使砖开裂或缩小变形，不能使用；也不能让窑内温度过低，或熏烧时间不足而烧出发黄的"嫩火砖"，这样的砖一经风吹雨打，很快就会松散成土。烧窑师傅不仅要掌握砖的坯性、窑性，还要辨温、辨色、辨烟、辨火、掌闸等，这就要求烧金砖的师傅比一般烧砖师傅更有经验。因焙烧工序的关键性，明清时直接负责监造的官吏，此时也不敢有须臾的怠慢，要反复巡视进行监察。

焙烧过程中，一要砖坯不能直接受火；二要根据散湿、增硬、蜕变的不同阶段，采用不同燃烧柴料。燃料主要是四种：砻糠（稻谷经过砻磨脱下的壳）、片柴、棵柴（稻草类）和松枝柴（图 5-24）。焙烧过程中，先用砻糠作

图 5-23 烧窑

燃料，文火熏烧一个月，此时见烟不见火，让砖坯水分完全散发。再用片柴烧一个月，片柴极易点燃，具有比较高的燃料热值，让砖坯开始真正经受火焰的考验。棵柴烧一个月，棵柴的热值比片柴更高，相同质量的棵柴能够释放出更多的热量，窑温也逐渐上升到800℃以上。松枝柴烧四十天，松枝柴富含油脂，其热值又比棵柴高很多，这时是火势最大的，温度能升到900℃~980℃。一个月的时间，金砖真正烧熟烧透。焙烧的过程中，火候的把握和控制，不同物料加入的数量和时间，需要烧窑师傅的慧眼和经验，而且在整个焙烧过程中自始至终不能断火，且要烧得均匀。当砖坯在高温烧结时，窑工把窑顶、烟囱、火塘口用泥封死，称之为"煞窑"。火塘口一般还会加上砻糠灰（图5-25），将废物再次利用，也是起到堵塞的作用。在窨水过程中，砻糠灰上肉眼可见水汽缭绕，随着窑温的降低，水汽会越来越少。

图 5-24　烧窑燃料　　　　　　　图 5-25　火塘口的砻糠灰

五、窨水

经过四个多月的焙烧，煞窑后开始窨水，俗称开钎，即窑砖烧好后，往窑里渗水降温的过程。窨水是我国制砖工艺中一道独特的工序。首先在窑顶的积池（图 5-26）里放入水，过去是人工挑水，沿着一条上窑顶的路把水挑上去（图 5-27），现在用水泵打水，比较方便省力。然后在水池上用钢钎划口子（图 5-28），水由窑顶渗入到窑室，水吸热化为蒸汽，蒸汽的压力使得窑内维持正压，保持窑内还原气氛。借助水与火的配合，砖瓦就有了独特的青灰之色，也有了足以持久坚硬的质地。

窨水时，积池中的水须保持一定的量（图 5-29），渗水也须保持一定速率，快了砖易发脆，慢了砖的颜色会

图 5-26　积池

图 5-27　窨水

图 5-28　钢钎划口子

图 5-29 窨水积池中的水量

发黄发红。水既不能太多，也不能太少，如果水太多，就造成水伤，金砖敲出来没有声音；如果水下渗得少，就形成返火，金砖的颜色会变黄。因此，窑工需持续不断地给顶池适量加水，并掌握好放水的快慢速度，使金砖在窑内产生"窑变"，从赭红色变为青黛色。图 5-28 水池中有望砖露出水面。一般而言，窨水前期渗水一个小时会露出一块望砖，后期渗水一个小时会露出一块多甚至两块望砖，可借此作为判断渗水速率的标尺。窨水工序非常忌讳漏水，否则金砖会出现白斑，成为次品，甚至整窑报废。随着不断的窨水，窑室内的温度不断降低，等到完全冷却后，开始出窑。窨水整个过程一般经过十天左右时间。

六、出窑和筛选

"货船泊岸夕阳斜，女伴搬砖笑语哗。一脸窑煤粘汗黑，阿侬貌本艳于花。"这首《竹枝词》，描述的就是出窑时的场景——在炎热的窑中劳作，女窑工很快就满脸汗水，飞扬的灰土扑到脸上，原本"艳于花"的女子，刹那间也乌黑如煤。出窑时人工搬运，非常辛苦，搬运时要小心轻放。现在出窑多用机械化设备，节省劳力，提高效率，方便安全（图5-30）。

金砖出窑首先进行检查筛选，一要检查砖的厚度面上是否有漏掉模印金砖铭文；二要检查砖上有无裂纹和缺棱短角；三要看颜色深浅是否一致；四要听，将被验砖竖立在另一块砖的平面上，用木槌击打，听声音正不正，判断是否有裂纹和惊纹。合格的金砖要"敲之有声，断之无孔"。金砖颜色以青灰色为最好，砖太脆、太硬不易砍磨，太灰

图5-30 出窑

白则不经久耐用。选砖"必面背四旁，色尽纯白，无燥纹，无坠角，叩之声震而清者"，因此成砖出窑时须对焦砖、裂砖、变形砖、无铭文、颜色不正者严格剔除。金砖烧造成品率一向很低，据史料记载，"或三五而选一，或数十而选一""复欲出完全端正、声音清响、色道纯白，故常取一而费四五"。一窑成砖中，能挑出三成左右的方砖正品算是幸运了，还有全窑甚至一块可用的都没有的情况。据现在制作金砖的老工人讲："目前，我们完全靠人工来控制窑温，成品率在20%~30%左右，达到30%已属不易。"

烧造金砖的整个过程，从春天取土，到最后窨水出窑，若是气候或制作环节顺畅的话，可在年底，一般多在第二年元宵节前后，方能见到成品。御窑金砖的制作工艺体现了中国古代传统制砖工艺的巅峰，完美融合了时令的流转、人工的精巧和时间的历练，凝聚着苏州人的灵巧、勤劳和智慧。

第二节 金砖的铺墁

"金砖"不仅烧造过程复杂，其铺墁也有诸多讲究。金砖运到紫禁城，开始铺墁，这个过程叫"金砖墁地"。金砖铺墁与烧造环节一样，需要在气候适宜的条件下进行。只有合理利用气候、正确选择施工时机，才能够取得最佳效果。金砖铺墁有很高的工艺要求，需要遵循严格的操作规范。

图 5-31 乾清宫的金砖铺墁地面

我国传统铺地面的做法,有细墁地面和粗墁地面,其中最为精细的就是"金砖墁地"。这是中国古建筑营造技艺中最高级的典型代表,前期须砍磨然后再做墁地的准备,备好黄蜡、黑炭等物料,才能进行铺墁,到八九月的时候或者第二年春季干燥季节,再烫蜡。整个过程要历经砍磨、铺墁、泼墨、钻生等多道工序,涉及瓦作和油作两个匠作,需要砍砖匠、瓦匠、油匠、烫蜡匠等多个技术工种的分工协作才能完成。完工后金砖地面坚硬无比,油润如玉(图5-31)。

一、现场砍磨

金砖在使用前，还必须对表面和侧面进行加工，使其砍磨分位（图5-32）。砍磨按传统工艺全靠手工操作，因为质量要求极为严格，所以技术水平也有相应的要求。经砍磨加工的砖平整度、细部尺寸满足铺墁要求。

雍正十二年颁布的《工程做法》卷五十三对金砖砍磨后的净尺寸有规定："二尺金砖，砍净见方一尺九寸；尺七金砖，砍净见方一尺六寸。""二尺""尺七"常见金砖的铭文中，"尺"为营造尺，并非市尺，明代营造尺相当于今天公制的31.8厘米，清代营造尺相当于今天公制的32厘米。一般"糙砖"（出窑的金砖）的尺寸要比铭文标示略大些。与砖坯相比，"糙砖"会有一定程度的伸缩率。考虑到伸缩率，烧成后的糙砖的实际尺寸通常会留

图5-32　砍磨分位

些许余地，这在建筑工程中被称为"加荒"。金砖制作时的加荒，除了伸缩率的考虑外，还有金砖在铺墁之前需要磨砖对缝，多可以处理，少了则不行。铭文表示的金砖尺寸与砍磨后的净砖尺寸通常有一寸左右的加荒。

砍磨金砖的工具，有很多种，传统工具主要有：斧子（由木制斧棍和两端带刃的铁斧制成，用于砖四边砍去多余部分）、扁子（类似斧头工具，用于打掉砖多余部分）、敲手（长方形木条，敲击扁子用）、刨子（类似于木工刨，用于砖表面刨平）、錾子（用薄型扁铁制成，前端磨出锋刃，砖加工工具）、煞刀（用铁皮做成，铁皮的一侧剪出一排小口，用于切割砖料）、平尺板（薄木板制成，要求两小面平直，用于砖表面划线及平整度检查）、划钎（尖细长的铁质工具，用于划线）、磨头（磨砖工具，今多用废砂轮）、方尺（木制直角拐尺，用于砖加工时划线和尺寸检查）、包灰尺（形同方尺，但角度略小于90°，砍砖时用于度量砖的包灰口是否符合要求）、制子（由竹片制成，为砍砖的标准度量器具）等，行内统称为"大家伙一份"（图 5-33）。

砍砖一般在棚子内进行。砍砖的桌子可包括单桌、一字桌、丁字桌和十字桌等几种，分别用于一人、二人、三人、四人操作。每个桌子可以分为高低台，高台用于对需加工的砖进行铲面、细磨，低台则主要用于存放砖件。

关于砍磨金砖用工数量计算，雍正十二年（1734）颁

图 5-33 砍磨金砖的部分工具

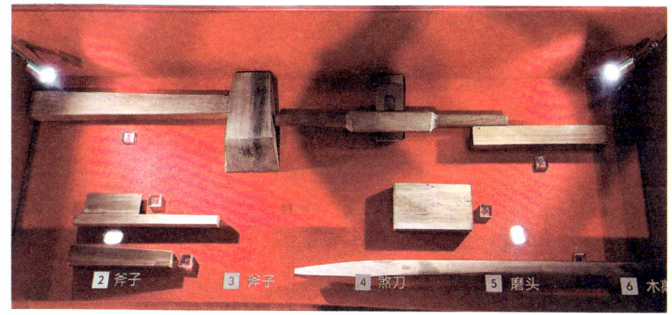

布的《工程做法》规定：二尺金砖每砍磨三个，用砍砖匠一工；尺金砖每砍磨四个，用砍砖匠一工。砍砖时，首先铲面，即将砖放在桌面上，手握工具站立成丁字步姿势，用力向前推铲，将不平整的表面铲平，将砖的一个对角铲平后，再将另一个对角铲平。将平尺交搭在两个对角处，检测其平度是否一致，称为通"十字尺"。随后将剩余的四边铲平，即进行过肋（肋即砖的侧面）。根据设计确定的规矩尺寸，将已铲磨完的砖的四角边砍去部分，使之成为宽度一致、对角尺寸相等。过肋时，用划钎和平尺板在

砖肋上划出痕迹，作为过肋标准线，用扁子将线外部分打掉，用斧子砍砖使之接近所需尺寸，仍需用平尺板呈八卦形检测，其平度要与对角平度一致，称为"套八卦尺"。当砖肋的上部四个部分过完后，即可将其翻转再进行砍磨。最后使用磨头通磨数遍，确保砖面的平度绝对一致，称为"十成面"。为避免铺墁、搬运砖时硌手，砖底部包灰位置的棱角应用磨头磨圆。加工后的金砖规格统一准确、棱角完整挺直、表面平整光洁（图5-34）。

当然，使用现代机械设备切割打磨金砖要变得容易多了（图5-35）。切割使用的是金刚砂锯片，一块砖，不过一两分钟便可切成四方。打磨利用水和黄沙作为磨料，三五分钟即可磨好一面。

图5-34 金砖砍磨

图 5-35 打磨

二、铺墁技艺

金砖的铺墁工艺与普通砖地面类似,但要求更为苛刻,且需要耗费大量人力和时间。如清工部《工程做法则例》规定:铺墁金砖地面,需要瓦工 1 人和壮工 2 人,且每天只能铺墁 5 块,真正是慢工出细活了。比如在铺墁太和殿内的金砖时,就曾经有砍磨工 1573 个,瓦工 944 个和壮工 1888 个。

关于铺墁金砖的用料,清代档案有相关记载。粘接挤缝需要用灰、桐油和白面等料。关于每种材料的用量配比,《工程做法》规定:砌二尺金砖,每块用灰十二斤十二两,一尺七寸金砖,每块用灰是九斤四两。二尺金砖墁地,需油面挤缝，每块用桐油二两、白面二两。一尺七寸金砖，每块用桐油一两五钱，白面一两五钱。另上蜡时需要黄蜡、黑炭、江米、木柴等。

金砖铺墁需要的工具有木剑（短而薄的木板或竹片制成，一端修成便于手执的剑把状，又称木宝剑，用于墁地时砖棱的挂灰）、磴锤（砖铺墁的工具，多用城砖加工成圆台体，中间的孔眼穿入一根木棍，近代多用皮锤代替）、长平尺（又称平板，用薄木板制成，小面要求平直，墁地时检查砖的平整度）、瓦刀（薄铁板制成，呈刀状）、磨头（磨砖工具，今多用废砂轮）、灰板（木质的抹灰工具之一，前端用于盛放灰浆，后尾带柄，便于手执，是抹灰操作时的托灰工具）等（图5-36）。

金砖铺墁的工艺技术，主要包括垫层处理、定标高、冲趟、样趟、揭趟、浇浆、上缝、铲齿缝、刹趟、打点、墁水活、泼墨钻生等（图5-37）。

（1）垫层处理。金砖铺墁一般不用泥，而用干砂或纯白灰作为垫层。若用干砂作为垫层时，先把砂子铺在砖下并用尺板将其刮平，每行刹趟后要用灰"抹线"，即用灰把砂层封住，不得外流；若用纯白灰作为底层灰时，须用瓦刀将底层灰打成若干小坑，以利于砖与底层灰的粘接。如砂子或白灰过多时，可用铁丝将砂或灰轻轻勾出。垫层的主要目的是提供一个稳固、平整、防潮的基层，以利于金砖铺墁。

图 5-36　金砖铺墁所需部分工具

图 5-37　金砖铺墁

（2）定标高。室内地面可按平线在四面墙上弹出墨线，其标高应以柱顶盘为准。廊心地面应向外留 7/1000 的"泛水"（即里高外低）。除此之外，还需确定金砖铺墁的尺寸范围，并计算砖的趟数和每趟的块数。趟数应为单数，中间一趟应在室内正中，如有破活应安排到里面和两端，门口附近必须都是整砖。

（3）冲趟。在室内两端、正中拴好拽线并各墁一趟砖，即为"冲趟"。冲趟要求室内正中的第一块砖为整砖，且要对准门口的中心点，称为"整砖坐中"，然后依次向后檐铺墁。

（4）样趟。在两道拽线间拴一道卧线，以卧线为标准铺泥墁砖。由前檐向后檐方向逐步铺墁，注意灰浆不要抹得太平太足，即应铺成"鸡窝泥"。墁完后用锤子轻轻拍打。这道工序决定了砖的平顺与否，与泥接触严实与否，砖缝的严密与否。

（5）揭趟、浇浆。"揭趟"即把墁好的砖揭下来，并逐块记上号码，以便按原有的位置对号入座。揭趟属于将砖与底层灰粘牢前的准备工作，揭趟后砖及底部垫层无异常时，方可将砖铺墁严实。揭趟的砖一般五到六块叠放，以利于后续的挂油灰操作。揭趟后的砖基层若出现局部坑洼，需要用同种材料补平，该做法俗称"垫鸡窝"。"浇浆"即在砂子（或底层灰）上浇注月白灰浆。金砖墁地的具体浇浆做法为：在砂子层的四个角位置，各用铁勺挖出一勺砂子，形成四个坑，然后用月白麻刀灰（青灰浆与白灰浆按3∶7，再掺入碎麻）将四个坑填平，这种做法俗称"打揪子"。灰浆材料中的白灰即生石灰，其加水后具有较好的粘接力，但水分蒸发时会体积收缩并产生裂缝，而碎麻则可避免或减小灰浆的开裂。浇浆后，即可进行下一步的上缝工作。

（6）上缝。"上缝"即拟铺墁的砖与已铺墁的砖侧面挤紧的过程。首先利用"木剑"在砖的里口抹上"油灰"。油灰的材料是面粉、细白灰粉（要过绢箩）、烟子（灰）、桐油按 1∶4∶0.5∶6 搅拌均匀。烟子事先要用溶化了的胶水搅成膏状。其中，细白灰粉即生石灰粉，可提供油灰的粘接强度；面粉具有粘接性好、延展性好、和易性好等优点；烟子又名锅底灰，是稻草麦秸秆燃烧后附在锅底的黑色粉末，主要起调色作用；桐油是将采摘的桐树果实经机械压榨加工提炼制成自干性天然植物油，具有干燥快、比重轻、光泽度好、附着力强、耐热、耐酸、耐碱、抗腐蚀、不导电、防水性好等优点。为便于砖之间的侧面粘结，需要提前用麻刷子蘸水将砖的两肋里慢慢刷湿；条件允许时，可蘸矾水涂刷。所谓矾水，即黑矾（硫酸亚铁）与水的混合物。抹上油灰的砖按原有的位置墁好，并用礅锤的木柄在砖面上连续戳动将砖找平找实，使之与其余砖接缝对齐，且灰缝严实，厚度一致。

（7）铲齿缝。又叫墁干活，用竹片将面上多余的油灰铲掉即"起油灰"，然后用磨头将砖与砖之间凸起的部分磨平，使砖的表面平整度一致。

（8）刹趟。以卧线为标准，用平尺板靠在砖棱位置检查砖棱是否平整，如有凸凹不平之处，即用磨石磨平，以保证每趟砖棱齐直。

（9）打点。砖表面如有残缺或砂眼，要用砖药（砖

图 5-38 墁水活并擦净

面灰）打点齐整。"打点"是对金砖表面缺陷进行修补的工序，砖表面缺陷一般为烧造、运输、铺墁过程中磕碰造成，一般非常轻微。虽然这种缺陷不明显，但会影响砖面的整体美观，因此需要修补。砖药即用砖灰磨成粉末，然后掺入生石灰粉和青灰，再加水调和成与砖面相近颜色的一种混合物。打点后的砖面显得完整而密实。

（10）墁水活并擦净（图5-38）。将地面重新检查一下，如有凹凸不平，要用磨头蘸水磨平，磨平之后将地面全部蘸水揉磨一遍，最后擦拭干净。凡铺墁金砖必须水磨铺墁，方能平整。金砖墁完水活干透以后再进行下一道工序。

（11）泼墨钻生。"泼墨"即将热的黑矾水分两次泼洒或涂刷在金砖上。金砖在烧制和打磨过程中都会产生些许色差，泼墨可以统一颜色。如果没有这个环节直接"钻生"的话，金砖会出现鳝鱼青和鳝鱼黄两种颜色，就像鳝鱼的背和肚子的颜色一样。黑矾水的制作方法为：把十份黑烟子用酒或胶水化开后与一份黑矾混合，将红木刨花与水一起熬煮，当水变色后取出刨花，然后把黑烟子与黑矾的混合物倒入红木水中熬煮，直至水的颜色变成深黑色为止。"钻生"即在金砖地面浇注生桐油，以增加砖面的硬度。当金砖干透后，再次在金砖面上浇约三寸厚的生桐油，然后用灰耙来回推搂。当桐油充分渗透到砖层中后，再用刮板将多余的桐油刮去，即"起油"。之后在生石灰粉中掺入青灰粉，拌和后的颜色以近似砖色为宜，然后将灰撒在砖面上，厚度为三厘米左右，两到三天，灰与砖面粘牢后，即可刮去，此道工艺称"呛生"或"守生"。最后，用软布将地面擦净。金砖地面在泼墨后也可以不钻生而直接烫蜡。

（12）烫蜡。"烫蜡"即打蜡，是用蜡烘子将蜂蜡烤化后使其均匀地淌在砖面上。烫蜡工艺极为讲究，需要干燥，要在八九月进行。《总管内务府大臣海望为乾清宫铺墁金砖需用钱粮物料事奏折》载："且铺墁金砖必须水磨铺墁，方能平整，及其干燥，始可烫蜡。今应先行水磨铺墁，加工磨好，候八九月间，金砖干燥时，再行烫蜡。"如果错过时间要等待第二年春天才能进行，"查铺墁此金砖，约至九月二十间方可告竣。及至彼时天气寒凉，金砖不能干燥,难以烫蜡。今应先行铺墁,加工磨平,候明春金砖干燥时,再行烫蜡"(《总管内务府大臣海望为养心殿铺墁金砖需用钱粮物料事奏折》)。烫蜡的主要目的是使得地面光亮,且蜡固化后可隔绝空气、水、灰尘,还可起到防止磨损的作用。烫蜡前,应确保地面干燥。烫蜡时,首先在局部地面擦,确认无异常后再整体打蜡。用烤热的软布反复揉擦至光亮,只要蜡不呈干燥现象,就尽量多地涂擦,但不要增加蜡的厚度,擦蜡要擦到面上闪闪发光为止。待蜡皮完全凝固后,再以软布蘸香油擦拭数遍即可。香油可增加地面的润滑度和光亮度。地面烫蜡以后,光亮滑爽,利落干净而又舒适,且清扫方便。

  上述第 1 步至第 8 步为金砖地面铺墁的初步过程,随后的第 9 步至第 12 步为地面的完善、巩固和修饰的过程。整个铺墁工艺完成后的金砖地面坚硬无比,油润如新,古韵宁静。

第六章　御窑金砖的当代传承

《国语·齐语》中曾经描述工匠造物是"审其四时，辨其功劳，权节相用，论比协材，旦暮从事，施于四方，以饬其子弟，相语以事，相示以巧，相陈以功。少而习焉，其心安焉，不见异物而迁焉。是故其父兄之教不肃而成，其子弟之学不劳而能"。事实上，子承父业、家族传承一直是中国手工行业世代遵循的传承模式，御窑金砖制作工艺的传承也不例外。

随着清王朝的覆灭，御窑金砖进入了停产期。民国时期，陆墓地区的窑户转入了民用砖瓦生产。据1930年吴县政府社会调查处资料记载，当时陆墓区有500余家从事制坯烧窑副业，窑户独资经营，年产值10万余元。陆墓的王广盛、曹万通、王同和、钱春记、杜文民、蒋瑞记、杨德记、李世记、王盛介与御窑村的袁合兴、金德泰、瑞泰等13家窑户后来参加了位于玄妙观内的苏州砖瓦石灰业同业公会，而当年苏州登记注册的同行业就有39家，地域占比达到了三分之一。然而，当时要面临的实际是：古建筑砖瓦销路日减，还有价格低廉的红砖在抢占市场。1921年，东吴大学美籍校长苏曼尔集资20万元，在苏州盘门外青旸地创办了苏州砖瓦股份有限公司，建32门哈夫式轮窑，以煤为原料烧制红砖。东吴大学的建筑就部分采用了红砖叠砌。传统砖瓦以土窑手工进行操作，虽然具有工艺独特、质量上乘等优点，短时间之内还具有一定的市场，比如1922年博习医院新院的门诊楼外墙就是全部用金砖砌成的（图6-1、图6-2），是苏州坊间独一无二的金砖楼，但是新工业时代崛起后各方面造成的土窑市场萎靡已经势不可挡。1941年6月15日，《苏州新报》以"烧窑陆墓土产将被时代淘汰"为题写道："十余年前的陆墓也可说是吴县附近境内首屈一指的窑业所在，也是陆墓有名的土产，蟋蟀盆、黄砂灰窑遐迩闻名，以及四乡的小型灰窑鳞次栉比，不胜

图6-1 博习医院旧址

图6-2　金砖楼外墙局部

枚举……技术上的墨守陈法、不求改进，营业上比前确实衰落得多了。在事变前已倒闭的几家大规模的砖窑，如今他们仍没法恢复，仍旧是关着几只空窑，让野草丛生蔓延四周，让鸟儿在上做巢……在过去建造庙宇还未淘汰的时代，他们还制造着种种龙型凤型以及禽兽型的长瓦，也有小型的，甚至比人还高的大型的……时代和陆墓窑业成了反比，他们在一天天地衰败，技术上也日日地没落……"当时的陆墓一带约有土窑90只，但只有为数不多的小窑还在运作，大窑生产几乎全部歇工。

中华人民共和国成立后，政府十分关心陆墓地区的砖瓦生产，尤其是在20世纪80年代以后。1952年，御窑村的窑户成立了互助组，合资经营协和砖瓦工场，翌年，成立了新民联营砖瓦厂，后改为前进三社砖瓦部。据金梅泉先生回忆："（御窑村）'文革'期间叫十八大队，坐落在陆墓镇西北端，有100余户人家600来口人，是一个长期从事制造古砖瓦的村子。金家里原是御窑村的一个自然村。自我懂事起，金家里有12户人家，40多个劳动力。那时候农村大集体生产，社员日里（白天）下地种田，空闲时间在家里用泥做砖瓦泥坯，做好了之后，卖给窑厂。村民把它作为一项主要家庭副业……20世纪60年代末，村里有大窑5只、小窑10多只。70年代初，生产队的窑厂收归大队，成立了十八大队窑厂，由我父亲担任厂长，经营十八大队窑厂，烧制砖瓦后，向外推销。"金梅泉先生是1949年生人，他于16岁起跟着父亲金兆文学做砖瓦泥坯。他的父亲1989年去世的时候，金梅泉先生已经对烧制古砖瓦十分熟练了，经村里领导研究后，就由他担任了御窑砖瓦厂厂长。这个厂是1976年挂牌的，在之前长达20多年的时间里，其生产的产品主要局限在民用青红"八五"砖、塔砖、平瓦等。金梅泉的父亲金兆文是家族从事砖瓦制作的第四代传人，第一代叫金祖明，第二代叫金根木，第三代叫金云泉。当时跟着金兆文学习技术的还有金梅泉的叔父金泉根、他的姊姊许万珍等。金梅泉先生于2008年正式收女儿金瑾为徒，即第六代传人。2010年将祖传100多年的制砖工具"碰板"和三枚制砖印章交给了她（图6-3）。御窑砖瓦厂于70年代末由郎泾桥西塊

图 6-3　金梅泉、金瑾父女

搬迁到了塘村里，开始恢复仿古砖瓦的生产，其中花边滴水、筒瓦等产品畅销全国，并且远销国外。

　　1984 年，时任御窑村党支部书记的曹福男，在看到《参考消息》转载香港《明星快报》的一则消息中说：海外侨胞目睹了故宫坑坑洼洼的地面，认为国内的金砖工艺已经失传了。这则消息激起了曹书记恢复失传 70 多年的御窑金砖工艺的想法。之后北京故宫博物院派专家专程到苏州同曹书记商洽，达成了重新制作金砖的意向。曹书记邀请了一些烧制古砖瓦的老师傅参加座谈会，并且进行了金砖的试验性烧制。1989 年初步恢复了金砖的制作工艺（并非古法工艺），首批烧制的 200 块金砖被用于苏州玄妙观三清殿的修复（图 6-4），《中国文物报》为此刊发了文章《失传百年的金砖在吴县恢复生产，故宫地坪修复有望》。1990 年，御窑砖瓦厂为北京故宫提供了 150 块 50cm×50cm 的金砖样品。1991 年又为苏州玄妙观烧制了 500 块金砖，御窑砖瓦厂的厂址同年也迁到了善济桥东堍。从此，陆墓御窑砖瓦厂的优质金砖受到各地的重视，风景名胜区古建筑、寺庙禅院的修复以及一些仿古园林建筑的订单，纷纷找上了门，使得砖瓦厂的生产得到了长足的发展。如苏州寒山寺大雄宝殿、西园寺天王殿，浙江普陀山的普济寺、法雨寺，北京的香山公园、天安门、颐和园、天坛祈年殿等，获得了良好的社会声誉。特将上述地区金

图 6-4　玄妙观三清殿新金砖

砖销售数量列表如下:

年份	销售地	金砖规格(cm)	金砖数量	用途说明
1996	苏州	大号(74×74×10)	400块	寒山寺大雄宝殿修缮
		小号(55×55×8)	200块	
1997	苏州	大号(74×74×10)	1200块	西园寺天王殿修缮
1998	浙江普陀山	小号(55×55×8)	800块	普济寺、法雨寺修缮
		大号(74×74×10)	2000块	
2002	北京	中号(63×63×8)	1180块	香山公园修缮
2003	北京	小号(55×55×8)	2000块	天安门修缮
2004	北京	大号(74×74×10)	16313块	颐和园、天坛祈年殿修缮
		中号(63×63×8)		
		小号(55×55×8)		

当然,国内外还有很多地方整修古建筑,新建仿古建筑,也都采用御窑新金砖,比如南京夫子庙、杭州灵隐寺、淮安周恩来纪念馆等。甚至还远销到了美国、加拿大、新加坡等国家和地区,饮誉天下。

2005年,御窑砖瓦厂获得了"中华诚信名牌"称号。2006年,两座烧制金砖的姐妹古窑被列入江苏省第六批文物保护单位。同年,御窑金砖制作技艺被列入国家非物质文化遗产名录。随着文物保护和非物质文化遗产保护意识的不断增强以及旅游行业的蓬勃发展,越来越多的媒体对御窑金砖进行了介绍、宣传,越来越多的客户(包括学生）走进御窑砖瓦厂进行参观、学习，御窑金砖振兴欣欣向荣。

  然而，御窑新金砖的发展还是遇到了瓶颈，仍然面临着材料短缺、技术失传、经济效益不乐观、后继乏人的濒危困境。

  首先，烧制金砖的"极品黏土"并不是取用不尽的，历代的挖掘和当今的控制取土，使得项目长期坚持下去难度很大。有人曾经问金梅泉先生从事制作御窑金砖遇到的最大难题是什么？他毫不犹豫地说："最大的难题莫过于2008年的选择窑址了。"前文提到过，窑址必须建在土质好的河道附近，还要适当远离村落。为了找到御窑砖瓦厂的新址，金梅泉先生是费尽心思，用他自己的话来说："我开了车，带了锄头、簸箕等，先后去阳澄湖、漕湖、望虞河等地寻找，起早摸黑采集土质样本，拿回厂里分析。有的地方土质较好，但附近没有河道；有的地方河道如网，但土质不行……我从赤日炎炎的酷暑，到滴水成冰的严寒，足足花了近一年时间，先后在百来个点采集了土质样本。功夫不负有心人，我终于在北桥灵峰村找到了窑址……这一年，我为选择御窑砖瓦厂新窑址瘦了十多斤。"御窑金砖对于优质泥源的要求是来不得半点马虎的。此外，灵峰村位于相城区角落，有水源，方便水路运输，这也符合前文所述建窑选址注意事项（详见第二章第二节"陆墓窑炉"）。

其次，御窑金砖烧制属纯手工操作，技术要求十分严格。苏州电视台曾经采访报道过御窑村一位烧窑的老艺人金水生（1917—2005），他的手艺继承了他的父亲金根山、祖父金湘洲，但是后继无人，他的技术也就失传了。何况御窑金砖生产中间停了百年之久，唯一记录金砖制作古法工艺的就是张问之的《请增烧造工价疏》和《造砖图说》。《造砖图说》后来还失传了，幸运的是御窑金砖制作技艺第六代传承人金瑾遵循"依据古法，领会古工艺精神"的原则，于2008年启动了"重制明清原味御窑金砖，传承非物质文化遗产"工程，并于2014年最终获得了成功（图6-5）。然而，过程中却遇到了不少挫折和困难，金瑾说：当时发现做出来的金砖会酥、会裂，后来拜访了不少专家，

图6-5 古法重制的金砖

并循着一道道工序寻找原因，经反复试验实践，发现"沥浆后的泥土，黏性会降低，这就需要我们用纯手工，经数十甚至上百次地扦、甩、踏、揉，才能练成细密黏实，全无气孔的坯泥"。在金瑾看来，重制金砖的过程，不仅能感受到御窑金砖工艺的精妙和劳动人民智慧的伟大，更能体验并领悟御窑金砖所含藏的工艺真谛和生命精神，这才创绘了《金砖天道人事图》，成为现代人重制原味金砖的经典和核心依据。

虽然文化和精神方面的收获颇为丰厚，但是经济效益方面却最多只能用"尚可"二字来形容。曾经担任过御窑砖瓦厂车间主任的吾福明说："1970年时，一年大约7000分人工，每10分人工0.4元至0.5元，也就是说一年350元左右。1980年，每年工资1000多元。1991年，年工资在50000元左右。2000年，我的年收入在6000元至7000元。2013年，我的年基本工资28000元，加上年终奖金3200元，年收入在32000元左右。"吾福明是御窑村人，跟着姚金男（1922—2014）和袁阿四（1924—2009）两位师傅学金砖的装窑、出窑等。他也曾经带过两个徒弟，金永佳和谢建新（1955—2012），都是御窑村人，其中金永佳的父亲还是金梅泉的叔父金泉根。这位金泉根先生也带过五位徒弟，分别是：秦伟柱（1945—1996），御窑村七组人；金阿四（已故），御窑村一组人；朱家泉，御窑村三组人；朱根泉，御窑村四组人；严林生，入赘到御窑村四组。据严林生介绍：他跟师傅学的是烧窑，三班24小时轮流转，十分辛苦。"御窑厂是根据技术性和积极性以及市场来定工资的，2000年，我每年的工资1.5万元。前几年，我管理两只老窑，年工资上升至五六万元，2013年8月1日起，我的年工资增加到10万元……我们这里两只窑一共3个人，其他2人，一个叫王付军，连云港人，还有一个叫胡根荣，吴中西山人。他俩的年工资一个3万元，一个4万元。"严林生也带过徒弟，龚伟东和曹桂荣，一个安徽舒城人，一个御窑村人，如今这两人是谁也不干烧窑制砖的事了。尽管访谈严林生时他很乐观："烧窑制砖瓦不会亏本，烧得好，多赚一点钱；烧得不好，少赚一点。"虽然近两年他们的工资待遇有所上升，然而金砖成本高、产量有限、不能大规模生产是事实，如果没有国家重点文物保护工程的需求，估计生存下去都是个问题。2018年2月，故宫基于古建筑修缮材料的要求，授牌苏州陆墓御窑金砖厂（御窑砖瓦厂更名）为故宫官式古建筑材料基地（图6-6）。

本地年轻人不愿意烧制金砖，即使有外地民工愿意学习，金砖的生产也没法恢复到昔日的盛况了。据张春法2005年在《陆墓镇志》"金砖"部分的统计：御窑砖瓦厂当时有职工88人，其中烧制金砖的人数为20人，代表人物14人（含大师傅3人）。他们的情况具体见下表：

图6-6 故宫官式古建筑材料基地授牌仪式

序号	姓名	性别	地址	出生年月	技术情况	传承情况
1	金兆文	男	御窑村	1923	大师傅	第一代：金祖明 第二代：金根木 第三代：金云泉 第四代：金兆文 第五代：金梅泉 第六代：金瑾
2	金梅泉	男	御窑村	1949	优秀
3	金阿四	男	御窑村	1947	大师傅	金泉根的徒弟
4	金梅花	男	御窑村	1940	优秀	
5	金荣根	男	御窑村	1963	优秀	
6	周鹤麟	男	御窑村	1958	优秀	
7	严林生	男	御窑村	1948	优秀	金泉根和朱泉根的徒弟

序号	姓名	性别	地址	出生年月	技术情况	传承情况
8	姚寿根	男	御窑村	1933	大师傅	其曾祖父、曾祖母、祖父姚阿福、父亲姚阿狗都会制作金砖坯
9	朱泉根	男	御窑村	1939	优秀	祖父、父亲朱洋银都帮人家制作和烧制过金砖，有徒弟严林生
10	袁阿四	男	御窑村	1924	优秀	祖父、父亲袁老毛都会烧制金砖，有徒弟吾福明
11	龚伟东	男	安徽舒城	1963	优秀	严林生的徒弟
12	刘宜塘	男	四川开江	1955	良好	
13	周寿生	男	江苏灌南	1952	一般	
14	肖国	男	江南灌南	1976	一般	

以上这些人都是御窑砖瓦厂的老师傅，呈现出总体年龄偏大的态势。现在他们中有的人已经过世了，有的人已不再从事金砖的烧制了。从传承情况来看，一方面家族的传承在没落，另一方面企业的传承虽然向着正规化方向发展，组建了一支由传承人、文化学者、大师傅和新一代年轻人组成的9人团队（主要成员有：金瑾、金梅泉、周震麟、孙坚、邢同才、周鹤麟等），继承了烧制新金砖的传统工艺流程，并成功重制了古法金砖，但还是缺乏大量新鲜血液的加入，创新性和开放性略显不足。苏州陆墓御窑

金砖厂有窑 11 只，随着技术高超的大师傅自然减员，表中还算年轻的周鹤麟先生如今已是真正古法金砖的烧窑大师傅。总体上来说金砖烧制后继乏人，想要实现生产性保护仍有一定的难度。第六代传承人金瑾是教师出身，带领她的文创团队已经开发出了数款金砖文创产品，如尺方金砖、金砖纸镇、金砖书镇、金砖壶承、金砖茶台、金砖摆件、金砖文化砖等，不仅让金砖产品多维度、多品类参加了各类交易会和展出，还有利于进一步探索拓展经营和销售金砖及文化衍生品的渠道和方式。然而，烧制金砖毕竟是高技艺的复杂体力劳动，劳动投入巨大、周期又长，年轻人愿意涉足已是十分难得，最终精湛技艺的成就是要靠自己的勤奋、执着、情怀和长期实践积累才能成就的。培养大国工匠，是职业教育的神圣职责。

政府层面意识到了上述问题，十分重视御窑金砖的发展，把御窑金砖定为"相城区民间文化新名片"，注重对其宣传，并且要把御窑金砖打造成为全国砖瓦遗产重要基地。具体措施包括：（1）利用现代科技手段，对御窑金砖进行系统的抢救和保护，制作金砖代表人物的文字、音像档案；（2）建立御窑金砖传承人的认定和培训机制，通过资助、扶持等手段，鼓励御窑的传承与传播；（3）利用各种媒体，采取多种方法，普及御窑金砖保护知识，提高人们对金砖的保护意识；（4）与有关方面密切配合，建立御窑金砖的工艺展览室等一些保护场所和基地，如苏州御窑金砖博物馆于 2016 年对外开馆。在经济政策方面也给予了适当倾斜。总之，保护、继承、弘扬御窑金砖是一项长期而又艰巨的任务，尤其是金砖传承人队伍建设是第一要务，所谓"知者创物，巧者述之守之，世谓之工"（《考工记》）。御窑金砖的再度振兴，不仅弘扬了中华民族文化，还将促进地方的经济社会发展。